ジェフ・ハーツバーグ＋ゾーイ・フランソワ

日本語版監修　荻山和也

熊谷玲美　訳

1日5分かけるだけで本格パンが焼ける！

Artisan Bread in Five Minutes a Day
Jeff Hertzberg and Zoë François

❷ バラエティブレッド 編

楽工社

1日5分かけるだけで
パンが焼ける「秘密」

**あらかじめ材料を混ぜ合わせて、
パン数個分の生地を作り、
冷蔵庫で保存しておくこと。**

　焼きたてのパンを食べたいと思ったとき、わずか5分の作業で手軽に作ることができます。まず、レシピにある材料のうち指定されたものを容器に入れて混ぜ、2時間おきます。その後は、すぐに生地を成形して焼いてもいいですし、**生地を冷蔵庫に保存すればその後2週間は使えます。そう、2週間です！** パンを何個も作れるだけの生地をあらかじめ用意しておくのです。焼きたてのかりっとしたパンを食べたくなったら、容器から生地をひとかたまり切り取って、成形します。発酵させて焼けば、あなたの家の中はベーカリーのような香りでいっぱいになり、家族や友だちにも喜んでもらえるはずです。

冷蔵庫で保存しておいた
生地（2週間保存可能）から、
焼きたいとき、
焼きたい分だけを切り取る

形をととのえて、
おいておく（発酵させる）

焼く

実作業は5分！

＊ 従来のパン作りで必要だった「こねる時間」などの
　手間は必要ない。より詳しくは本文参照。

002	1日5分でパンを焼く「秘密」
008	本書で焼けるパン紹介 「1日5分」で、こんなに本格的なパン、ピザ、ケーキが、自宅で作れます！
028	本書について

029 7章　ピザと平焼きパン

030	色々なパンに使えるコクのある生地 **オリーブオイル生地**
032	アンチョビの塩気と、ナスの組合せが絶妙 **ナスとアンチョビのナポリ風ピッツァ**
	バリエーション：ピッツァ・マルゲリータ／ソーセージまたはペパロニのピッツァ あめ色タマネギとマンチェゴチーズのピッツァ
037	食べれば気分は南フランス **野生のキノコとジャガイモの素朴なプロヴァンス風ピッツァ**
041	ピザの材料で作るチーズ入りの折りパイ。具はとってもクリーミー **ホウレンソウとチーズのカルツォーネ**
045	米国フィラデルフィア名物。いわば"折りたたんだピザ" **ソーセージが入ったフィラデルフィア風ストロンボリ**
048	豚肉の脂分(あぶらぶん)がコクを生み出す **プロシュットとオリーブオイルの平焼きパン**
050	南フランスの定番ピザ **ピサラディエール**
053	イタリア・トスカーナ風の最高のオードブル **タマネギとローズマリーのフォカッチャ**
055	木の葉形の定番も、自宅で簡単に作れる **オリーブのフーガス**
058	一般的なフーガスを折りたたんで作る **ローストした赤ピーマンをはさんだフーガス**
063	ほのかな甘みに、オレンジの風味が香る **アニスシードの入った甘いプロヴァンス風平焼きパン**
066	粗挽きコーンミール＋松の実＋オリーブオイルの組合せ **松の実をちりばめたポレンタ平焼きパン**
068	中近東のスパイスを使って独特の風味を楽しむ **ザーターをふった平焼きパン**
070	香り高い中東の平焼きパン。ケバブをはさめばなお美味しい **ピタ**

- *073* ジューシーな肉がピタにベストマッチ
  ジムのスパイシーケバブ
- *074* エキゾチックな中東のパンサラダ
  ファトゥーシュ
- *076* 世界で最も古いパンの1つ。起源は1万年前！
  ラヴァッシュ
- *078* モロッコのアニスと大麦の平焼きパン
  ケスラ
- *080* ぴりっとする冷たいスープ。ケスラと一緒に
  モロッコ風ガスパチョ
- *081* オーブン不要。ガスレンジで焼ける最速パン
  ナン
- *084* インド料理のレストラン「デヴィ」のオーナーシェフ特製
  キュウリとミントの冷製ヨーグルトスープ
- *085* 伝統的な定番パンを簡単に作れるようにアレンジ
  スカンジナビアのライ麦平焼きパン

087 8章　リッチなパンとペイストリー

- *088* リッチなパンを作るなら、まずこの基本レシピから
  ハッラー
  日本語版での補足：試作の結果をふまえて
- *097* 祝日に食べる特別リッチなパンの1つ
  レーズンが入ったターバン形のハッラー
- *101* リッチな平焼きパン。タマネギとケシの実が独自の風味を生む
  オニオンプレッツォル
- *104* 保存生地で手軽に作る、濃厚なデザート
  ピーカンナッツ入りキャラメルロール
- *108* 朝食にもティータイムにも。色んな場面で楽しめる
  ブリオッシュ
- *110* テット（頭）付きブリオッシュも、保存生地で手軽に作れる
  ブリオッシュ・ア・テット
- *113* アーモンドクリームが入ったブリオッシュ。オレンジ風味
  ボストック
- *115* パリのお菓子専門店の味を、自宅のキッチンで再現
  チョコレートガナッシュ入りのブリオッシュ
- *117* 米国ニューオリンズ名物。保存生地で手軽に
  ベニエ

120	甘いフィリングを入れてさらにぜいたくに	チョコレートやジャムの入ったベニエ
123	伝統的なイタリアのパンを「1日5分」で	パネトーネ
127	応用範囲の広い、最も一般的な食パン	アメリカンスタイルの柔らかい食パン
129	一口食べれば、気分はもうパリの街角	クロックムッシュ
131	サンドイッチ用に最適。ブール生地の代用としても使える	バターミルクブレッド
133	某成功企業のCEO・ジュディ特製	シナモンレーズンブレッド
136	チョコレートケーキよりおいしい！	チョコレートブレッド
140	酸味の強いチェリーで作る	サワーチェリープレザーブ
142	少し甘くて、プレザーブと良く合う	スイスミューズリーの朝食用パン
144	パン型で作る朝食用パン	ひまわりの種の入ったパン
146	いくつもの風味が重奏をかなでる	チョコレートプルーンブレッド
148	ウクライナの伝統的レシピを簡単に作れるようにアレンジ	チョコレートとレーズンのバブカ
150	2種類以上のリンゴを使えば味の幅がより広がる	リンゴと洋なしのコーヒーケーキ
154	見た目も味も楽しめる一品	目玉焼きみたいなアプリコットのペイストリー
158	リース形の華やかなペイストリー	ブルーベリーとレモンカードのリング
162	簡単に作れて、感動的な仕上がり！	ラズベリーとアーモンドクリームの編み込みペイストリー
166	ブリオッシュ生地の切れ端を使って、お菓子を作る	シナモンツイスト
168	残したパンが少し硬くなってしまったら	ブレッドプディング
169	素早く作れる。マーマレードの代わりに	金柑のシャンパンコンフィ
170	チョコレートのこく＋チェリーの酸味で、定番のおいしさに	チェリーの入ったチョコレートブレッドプディング

172　謝辞

174　著者・日本語版監修者・訳者紹介

コラム

036　家を煙だらけにしないように
039　ガスバーベキューグリルで平焼きパンを焼く方法

「1日5分」で、こんなに本格的なパン、ピザ、ケーキが、自宅で作れます！

ナスとアンチョビのナポリ風ピッツァ
アンチョビの塩気と、ナスの組合せが絶妙にマッチする。作り置きの生地が冷蔵庫にあれば、デリバリーを頼むより早くアツアツのピザが焼き上がる。
レシピ→ P32

ホウレンソウとチーズのカルツォーネ

「カルツォーネ」はイタリア語で「ストッキング」とか「ズボン」の意味。ピザの材料で作るチーズ入りの折りパイで、具はコクがあってクリーミー。

左：焼き上がり。下：カットしたもの。

レシピ→ P41

ソーセージが入ったフィラデルフィア風ストロンボリ

ストロンボリは、米国フィラデルフィア発祥の、いわば"折りたたんだピザ"。中から出てくる具が火山の溶岩に似ていることから、イタリアの有名な火山「ストロンボリ」にちなんでこの名前が付けられた、とされる。

レシピ→ P45

ピサラディエール

南フランスの定番ピザ。タマネギの甘さと、アンチョビ+オリーブの塩気がマッチ。

レシピ→ P50

オリーブのフーガス
パン屋さんで売られている木の葉形の定番も、自宅で簡単に作れる。
レシピ→ P55

ローストした赤ピーマンを
はさんだフーガス
一般的なフーガスを折りたたんで作る。
レシピ→ P58

アニスシードの入った
甘いプロヴァンス風平焼きパン
ほのかな甘みに、オレンジの風味が香る。
レシピ→ P63

ピタ
香り高い中東の平焼きパン。ケバブを
はさめばなお美味しい。
レシピ→ P70

ナン
オーブン不要。
ガスレンジで焼ける最速パン。
レシピ→ P81

ハッラー

第8章「リッチなパンとペイストリー」の基本となるパン。8章に収録されたパンを作るなら、まずはこの基本のパンを作ってコツをつかむのがおすすめ。
レシピ→ P88

レーズンが入ったターバン形のハッラー
レシピ→ P97

オニオンプレッツォル

「プレッツォル」は「板」という意味。卵やバターが入ったリッチな生地で作る平焼きパン。タマネギとケシの実が独自の風味を生む。
レシピ→ P101

ピーカンナッツ入り
キャラメルロール

ご覧の通りの、濃厚なデザート。
保存生地を使えば簡単に焼ける。
レシピ→ P104

ブリオッシュ・ア・テット
ご存知、テット（頭）の付いたブリオッシュ。
これも「1日5分」で手早く作れる。
レシピ→ P110

ボストック
アーモンドクリームが入ったブリオッシュ。
オレンジ風味。
レシピ→ P113

ベニエ
米国ニューオリンズ名物。中に何も入れずにシンプルなものにしてもいいし（イラスト上）、チョコレートやジャムなどの甘いフィリングを入れてもいい（イラスト下）。
レシピ→ P117、P120

パネトーネ
伝統的なイタリアのパンも、
「1日5分」で。
レシピ→ P123

クロックムッシュ
チーズとハムを挟んだホットサンドイッチ。
一口食べれば、気分はもうパリの街角。
レシピ→ P129

リンゴと洋なしの コーヒーケーキ

リンゴを2種類以上使うと、
味の幅がより広がる。
レシピ→ P150

チョコレートブレッド
チョコレートケーキよりおいしい！
レシピ→ P136

シナモンレーズンブレッド
レシピ→ P133

目玉焼きみたいな
アプリコットのペイストリー

クリームと砂糖の甘さを、アプリコット（杏(あんず)）の酸味が引き締める。見た目も味も楽しめる一品。

レシピ→ P154

ブルーベリーとレモンカードのリング
リース形の華やかなペイストリー。
レシピ→ P158

ラズベリーとアーモンド
クリームの編み込みペイストリー
心おどる豪華な仕上がり。
ラズベリーがなければ他のフルーツでも。
レシピ→ P162

シナモンツイスト
中途半端に余ったブリオッシュ生地は、
このお菓子に。
レシピ→ P166

本書について

- 本書は2分冊の2巻目です。1巻目のタイトルは『1日5分かけるだけで本格パンが焼ける！ ①ベーシックブレッド編』です。この第2巻は、第1巻の内容を前提にして書かれています。

- 本書に収録されているレシピでパンをうまく作るには、従来のパン作りのコツとは異なるいくつかのコツを知る必要があります。これらのコツをつかむために、以下の手順をふむことをおすすめします。
  A　第1巻の1〜4章にざっと目を通す。
  B　第1巻のレシピのうち、少なくとも第5章冒頭の「ブール」（第1巻P65〜76）は作ってみる。
  C　第2巻のレシピのうち、少なくとも第7章冒頭の「ピッツァ」（P32〜36）のどれかと、第8章冒頭の「ハッラー」（P88〜96）は作ってみる。
  A〜Cを行い、本書独自のパンの焼き方のコツをつかんだ上で、その他のレシピに挑戦してみることをおすすめします。

- YouTubeにある原著者の公式チャンネル：

  https://www.youtube.com/user/BreadIn5
  では、上記の基本のパン（ブール、ピッツァなど）の実演動画を含む、色々な動画を見ることができます。本書とあわせて活用すれば、より理解しやすくなります。

- 電気オーブンで焼く場合の注意点：
  ＊第1巻では、分厚いパンが多かったため、「電気オーブンで焼く場合は、生地の分量をレシピ分量の75〜80%程度にする」ことをおすすめしました（→第1巻P66〜「ブール」の項）。しかしこの第2巻では、それほど分厚いパンは作らないので、電気オーブンで焼く場合でも、原則としてレシピの分量に従って作ることをおすすめします。
  ＊一般的に、低い温度で長く焼くと水分が飛んでしまい、おいしくなくなります。できるだけ「指定時間内で、焼ききる」ようにしましょう。またその際、特に電気オーブンは表示温度より庫内温度が低めになりがちなので、庫内の温度を温度計ではかったり、温度を高めに設定するなどの工夫をすることをおすすめします。

- 原著には写真やイラストがあまりなかったため、日本語版では、原著にはない写真やイラストを増補しました。

- 〔　〕内は日本語版独自の注です。

- 日本語版制作にあたって、レシピの主だったものを試作し、その結果わかったことを主に脚注に反映させました。

- 原著の計量単位のうち日本で使われていないもの（インチ、ポンドなど）は、日本で使われている計量単位（センチ、グラムなど）に換算しました。

- 1カップは200ml、大さじ1は15ml、小さじ1は5mlです。

7

ピザと平焼きパン

　平焼きパン（フラットブレッド）のなかでも、南ヨーロッパの平焼きパン（イタリアの「フォカッチャ」（→ P53）や、フランス・プロヴァンス地方の「フーガス（fougasse）」（→ P55）など）は、アメリカでかなり前から人気があります（ピザほど古い歴史はありませんが）。こうした平焼きパンが初めて登場したとき、その強い風味は——牛乳やバターやクリームによるものではない、オリーブオイルによるぜいたくなこくや重たさともあいまって——エキゾチックなものに思えました。しかし、南ヨーロッパの人たちが聞いたら笑ったでしょう。それはシンプルな田舎風のパンで、気取らない日常的な食べ物だったからです。こうした香り高い円形のパンが生まれた地域では、オリーブオイルよりも、牛乳やバターのほうがずっと貴重でした。

　一方、中東では数千年にわたって、さまざまな種類のイースト入り平焼きパンが生み出されてきました。ふっくらしたピタ（→ P70）はほとんどのアメリカ人におなじみですが、アラブの香りのよいスパイス「ザーター（Za'atar）」をふった平焼きパン（→ P68）は、中東以外ではめったに見られません。

　平焼きパンは、手早く用意するのに向いています。平焼きパンはとても薄く、発酵が必要な場合でも、生地の温度はすぐに室温と同じくらいになるので、発酵時間は短くていいのです。ピザやラヴァッシュ（→ P76）、ピタなどは発酵がいりません。フォカッチャなどの厚めの平焼きパンでも、発酵時間は 15 分から 20 分で済んでしまうので、成形している間にオーブンを予熱しておきましょう。

　平焼きパンは、短時間生地を休ませておけば、焼き時間も短くてすみます。ラヴァッシュやピタではわずか 5 分です。つまり、生地が保存してあれば、焼きたての平焼きパンを約 25 分でテーブルに出せるのです！

色々なパンに使えるコクのある生地
オリーブオイル生地
olive oil dough

オリーブオイル生地。作ってから冷蔵庫で2日間保存した後のもの

このコクのある生地は、ピザやフォカッチャ、オリーブブレッドなど、いろいろなパンに適しています。フルーティーなオリーブオイルを使ったほうが風味はよくなります。

▶ 450gの生地4個分

（2倍や半分の分量でも作れます）
ぬるま湯……650㎖
ドライイースト……大さじ1 1/2
粗塩またはコーシャーソルト……大さじ1 1/2
砂糖……大さじ1
エクストラバージンオリーブオイル……60㎖
準強力粉 [★1]……920g

★1 準強力粉：本書のレシピで「準強力粉」とある場合、タンパク質の割合が10.5〜11％程度のものを使用していただきたい。その理由など、より詳しい説明は、第1巻「ベーシックブレッド編」の第2章「材料」を参照。

1　5リットル程度の、ふたがついた（密閉でない）食品用コンテナ（ボウルでも可）を用意し、イースト、粗塩、砂糖、オリーブオイルをぬるま湯と混ぜる。

2　準強力粉を加え、こねないようにして混ぜる[★2]。木べらや、大容量用（小麦粉2kg以上用）のフードプロセッサー（生地用のアタッチメントを使用）、業務用スタンドミキサー（生地用フックを使用）を使う。機械を使わない場合、十分にぬらした手を使ってだまがなくなるまで混ぜてもよい。

3　容器にふたをして（密閉はしない）、室温で約2時間休ませる。その間に、生地は発酵し、その後つぶれてくる（または上が平らになる）。

4　この一次発酵が完了すれば、すぐに生地を使えるが、冷やしてからの方が扱いやすい。ふたのついた（密閉でない）食品コンテナに入れて冷蔵保存し、12日以内に使う。

冷蔵庫で2日間保存した後のもの。粘り気はこのくらい

★2　（密閉でない）食品用コンテナを用意し……こねないようにして混ぜる：第1巻でも繰り返し出てきた基本の動作。写真付きの解説は、第1巻ではP66〜に収録。本書（第2巻）ではP89〜に収録。

アンチョビの塩気と、ナスの組合せが絶妙
ナスとアンチョビの
ナポリ風ピッツァ

Napolitan pizza with eggplant and anchovy

ピザに飽きている人なんていないでしょうから、ここでわたしたちのピザを紹介しましょう。わたしたちが好きなのは、生地が薄くてかりっとしたイタリアのナポリ風ピッツァで、これは非常に高温の石窯で、床面に直接置いて焼きます。家庭用オーブンの最高温度は260℃から290℃ですから、ナポリの石窯の370℃を再現するのは無理です。新鮮なモッツァレラチーズが手に入ったら、このレシピで自宅でピザを作ってみましょう。それは、わたしたちが食べ慣れているのとはまったく違うピッツァになるはず。ナポリ風ピッツァをおいしく作るコツは、生地はつねに薄くし、トッピングをのせすぎないこと、そして材料の形が崩れてしまわないように、高温のオーブンで短時間焼くこと。そうすればオーブンからピザを取り出したときに、トッピングの材料それぞれの味を楽しめるはずです。

▶ **中サイズのピザ**（直径 30～35 センチ）**1 枚**（2～4 人分）

使用する冷蔵保存生地：ブール（→第1巻「ベーシックブレッド編」P66）、ヨーロッパ風田舎パン（→第1巻 P98）、オリーブオイル生地（→ P30）、軽い全粒粉パン

（→第 1 巻 P131）、イタリアのセモリナブレッド（第 1 巻 P137）

上記の保存生地のいずれか……450g（グレープフルーツ大）
カットトマト（缶入り。できればイタリア産）……0.6 カップ（裏ごしして、水気をしぼる）
（または作り置きのトマトソースでも）
ナス（小）……1/2 個（厚さ 3 ミリの輪切りにしてから、一口大に切り、はけでオリーブオイルを塗っておく）
アンチョビ・フィレ（缶またはびん入り）……4 切れ（きざんでおく）
スライスしたフレッシュモッツァレラチーズ（できれば水牛の乳で作ったもの）……115g
パルジャミーノ・レッジャーノチーズ（おろしたもの）……大さじ 1
コーンミール（ピザピールへの打ち粉用）……適量

1. **焼く 20 分前から、オーブン庫内の天板の上にピザストーンを置き [★1]、290℃に予熱する**（最大が 260℃ならそれでも可）。ピザの場合、オーブンのどの段に置いてもかまわない。またスチームも使わないので、バットは入れない。
2. トッピングの材料はすべて前もってはかり、下ごしらえしておく。ピザがピザピールからスムーズにすべり落ちるようにするには、短時間で作業するのがポイント。生地をピザピールの上に必要以上長く置かないようにする。
3. 冷蔵保存していた生地の表面に小麦粉をふり、450g 分の生地（グレープフルーツ大）を切り取る。切り取った生地にさらに小麦粉をふり、生地を横に 90 度ずつ回しながら、底を包み込むように表面をそっと引き伸ばして、手早くボール形にする [★2]（P90〜91 の写真参照）。
4. ボール形の生地を、手とのし棒を使って木製の台の上でのばし、厚さ 3〜4 ミリの円形にする（A〜B）。その際は、打ち粉をして、生地がのし棒や台に付かないようにする。ただし台に少しくっついているほうが、生地の反発力にさからってのばしていくには都合がいいので、打ち粉をし

★1 天板の上にピザストーンを置き：日本ではピザストーンを持っている人は少ないので、日本語版では第 1 巻「ベーシックブレッド編」から一貫して、ピザストーンを使わなくて済む方法（天板の上に直接生地をのせる方法）を基本としてきた。だが、この章に収録されているピザと平焼きパンのほとんどは、やはりピザストーンを使ったほうがよりうまく焼けるようだ。ピザストーンは 2000 円程度で買えるので、この章のレシピでピザストーン使用と記してあるものについては、できるだけピザストーンを使って作ることをおすすめする。

★2 冷蔵保存していた生地……手早くボール形にする：第 1 巻「ベーシックブレッド編」でも繰り返し出てきた基本の動作。写真付きの解説は、第 1 巻では P66〜に収録。本書（第 2 巻）では P90〜91 に収録。

過ぎないこと。またくっついている生地を台からはがすときには、スケッパーを使うとよい。生地をさらにのばしていくには、途中までのばした生地を数分そのままにしておいて、落ち着かせる必要があるかもしれない。この作業では、まず手で引きのばしてから、さらにのし棒でのばすとうまくいくことがある。のばした生地を、コーンミールをたっぷりふったピザピールの上に置く。

5 　トマトを生地の表面にひろげる（A）。生地を厚くおおわないようにする。このレシピの分量だと、生地にトマトのない部分が残る。

6 　モッツァレラチーズを生地の表面全体に散らす（A）。さらにナス、アンチョビ・フィレ、パルミジャーノ・レッジャーノチーズを散らす。焼く前に生地を休ませる必要はない。

7 このレシピのオーブン温度では、ピザピールにこぼれたコーンミールから煙が出ることがあるので、換気扇があればスイッチを入れる。ピザをピザストーンの上に直接すべらせるようにして置く（ピザをすべらせるために、ピザピールを何度も前後に動かすことになるかもしれない）。8 分から 10 分たったら、焼け具合を確認する。このとき、ピザの場所によって焼け具合に違いがあれば、オーブンの中でピザを回転させる。焼き時間は最大で 5 分追加する。

8 テーブルに出す前にケーキクーラーの上などで少し冷まして、チーズが固まるようにする。

バリエーション

ピッツァ・マルゲリータ：これは昔ながらのイタリアンピザで、モッツァレラチーズ、トマトをのせ、乾燥オレガノをふるだけ。焼く直前にエクストラバージンオリーブオイルをふりかければ本格的になり、風味もよくなります。生のオレガノがあるなら、葉を粗くきざんで、最初に生地にのせます。びん

ピッツァ・マルゲリータ

入りのトマトソースがあれば、缶入りトマトの手軽な代用品になります。逆に旬の新鮮なトマトを使ったレシピを試してみてもいいでしょう。その場合は、種を取って水気を切り、薄く輪切りにします。

ソーセージまたはペパロニのピッツァ：基本的なトマトとチーズのピザのチーズの上に、加熱したソーセージやペパロニ〔スパイスのきいたサラミ〕を並べましょう。必ずあらかじめ加熱したソーセージやペパロニを使うようにします。そうしないと、焼く時にソーセージなどから油がたくさん出て、ピザの生地が湿っぽくなってしまいます。

あめ色タマネギとマンチェゴチーズのピッツァ：このレシピは、甘さと塩気のというふたつの風味が絶妙に組み合わさっています。あめ色タマネギ（→第1巻「ベーシックブレッド編」P169）1.2カップをのせ、その上にすりおろしたマンチェゴチーズ〔スペインの羊乳チーズ〕をふりかけます。

> **家を煙だらけにしないように**：このレシピでは、非常に高温になったピザストーンにこぼれたコーンミールから、煙が大量に出るので、換気扇を回す必要があります。ピザストーンを予熱する前には、粉などをこすり取っておくようにしましょう。換気扇がなければ、オーブンの温度を低くして（230℃程度）、焼き時間を15分から20パーセント長くします。もう1つの方法は、ピザを屋外のガスバーベキューグリルで焼くことです（ガスバーベキューグリルで平焼きパンを焼く方法は、P39〜40で説明しています）。

食べれば気分は南フランス

野生のキノコとジャガイモの素朴なプロヴァンス風ピッツァ

rustic wild mushroom and potato pizza provencal

ゾーイの考えたこの素朴なパンに、「エルブ・ド・プロヴァンス」[★1] がぜいたくな風味を与えています。その風味は、ラベンダーとタイムの香りがする南フランスの丘に連れていってくれます。

▶ **中サイズのピザ（直径 30～35 センチ）1 枚（2～4 人分）**

使用する冷蔵保存生地：ブール（→第 1 巻「ベーシックブレッド編」P66）、ヨーロッパ風田舎パン（→第 1 巻 P98）、オリーブオイル生地（→ P30）、軽い全粒粉パン（→第 1 巻 P131）、イタリアのセモリナブレッド（→第 1 巻 P137）

★1 エルブ・ド・プロヴァンス：herbes de Provence は、南仏プロヴァンス地方でよく使われるハーブ（herb）──バジル、タイム、ラベンダーなど──を混ぜたミックスハーブのこと。自分で混ぜて作ってもよいが市販品も売られている。

上記の保存生地のいずれか……450g（グレープフルーツ大）

ジャガイモ（小、新じゃががよい。入手できればレッドポテト（赤ジャガイモ）を）……2個（皮を付けたまま薄くスライスする）

野生のキノコ（大きめのもの）……6個（薄くスライスする）

（アンズタケ、シイタケ、ポルチーニ、ポートベローマッシュルーム、ヒラタケなど。野生のキノコが手に入らなければホワイトマッシュルームでも）

オリーブオイル……大さじ2

エルブ・ド・プロヴァンス……小さじ1

塩、挽きたてのブラックペッパー（お好みで）

サンドライトマトのオイル漬け……5個（薄くスライスする）

パルミジャーノ・レッジャーノチーズ（細かくすりおろしたもの）……60g

コーンミール（ピザピールへの打ち粉用）

1 **焼く20分前から、オーブン庫内の天板の上にピザストーンを置き、290℃に予熱する**（最大が260℃ならそれでも可）。ピザの場合、オーブンのどの段に置いてもかまわない。またスチームも使わないので、バットは入れない。

2 トッピングの材料はすべて前もってはかり、下ごしらえしておく。ピザがピザピールからスムーズにすべり落ちるようにするには、短時間で作業するのがポイント。生地をピザピールの上に必要以上長く置かないようにする。

3 ジャガイモとキノコをオリーブオイルで炒める。ジャガイモがやわからくなったら、エルブ・ド・プロヴァンス、塩、ブラックペッパーで味付けする。

4 冷蔵保存していた生地の表面に小麦粉をふり、450g分の生地（グレープフルーツ大）を切り取る。さらに小麦粉をふり、生地を横に90度ずつ回しながら、底を包み込むように表面をそっと引き伸ばして、手早くボール形にする（P90〜91の写真参照）。

5 ボール形の生地を、手とのし棒を使って木製の台の上でのばし、厚さ3〜4ミリの円形にする（A〜B）。その際は、打ち粉をして、生地がのし棒や台に付かないようにする。ただし台に少しくっついているくらいが、生地の反発力にさからってのばしていくには都合がいいので、打ち粉をし過ぎないこと。またくっついている生地を台からはがすときには、スケッパーを使うとよい。生地をさらにのばしていくには、途中までのばした生地を数分そのままにしておいて、落ち着かせる必要があるかもしれない。このとき、まず手で引きのばしてから、さらにのし棒でのばすと

うまくいくことがある。のばした生地を、コーンミールをたっぷりふったピザピールの上に置く。

6 ジャガイモ、マッシュルーム、サンドライトマトを生地の表面にひろげる。生地を厚くおおわないようにする。このレシピの分量だと、なにものっていない部分が残る。

7 チーズを生地の表面に散らす。

8 このレシピのオーブン温度では、ピザピールにふったコーンミールから煙が出るので、換気扇があればスイッチを入れる（P36のコラム参照）。ピザをピザストーンの上に直接すべらせるようにして置く（ピザをすべらせるために、ピザピールを何度も前後に動かすことになるかもしれない）。8分から10分たったら、焼け具合を確認する。このとき、ピザの場所によって焼け具合に違いがあれば、オーブンの中でピザを回転させる。焼き時間は最大で5分追加する。

9 テーブルに出す前にケーキクーラーの上などで少し冷まして、チーズが固まるようにする。

ガスバーベキューグリルで平焼きパンを焼く方法：真夏に焼きたてのパンが食べたいけれど、オーブンは熱くて我慢できない、そんなときに便利なのが、屋外用のガスバーベキューグリルです。温度計の付いたガスグリルと、ピザストーンがあれば、素晴らしいパンが焼けます。グリルで焼く場合は、生地が薄いほどうまくいきます。ピタやナン、ラヴァッシュ、フォカッチャなどの平焼きパンが適しています。

ガスバーベキューグリルを使う場合の一般的な手順：

1 冷蔵保存していた生地の表面に小麦粉をふり、450g分の生地（グレープフルーツ大）を切り取る。さらに小麦粉をふり、生地を横に90度ずつ回しながら、底を包み込むように表面をそっと引き伸ばして、手早くボール形にする（P90〜91の写真参照）。好きなレシピを使って、平らにした丸い生地か、平焼きパンの形

に成形する。ピザピールの上に置いて、レシピで指定された時間休ませて、発酵させる。

2 **焼く20分前に**、ガスバーベキューグリルにピザストーンを置く。グリルに点火してから、グリルの温度計が必要な温度になるよう、バーナーコントロールを調整する。スチームを使って焼くレシピの場合、スチール製のコップか鍋を用意し、パンを焼くのに邪魔にならないよう、ピザストーンの上の端のほうに置く。グリルにもう1つ棚がついていて、バットを安全にバランスよく置けるようなら、バットを使ってスチームを出す。

3 生地を熱いピザストーンに滑らせるようにして置く。レシピで指定されている焼き時間の約3分の2の時間で焼く。レシピで必要なら、スチームを入れる。

4 柄の長いスパチュラを使って、パンを裏返す（ピタの場合も裏返す）。水を入れた容器を使っていれば、グリルから出す。

5 焼き時間の残り3分の1を続ける。クラストがしっかりして、キツネ色になれば焼き上がり。ピタの場合は、あまり濃いキツネ色にならないようにする。

ピザの材料で作るチーズ入りの折りパイ。具はとってもクリーミー
ホウレンソウとチーズのカルツォーネ

spinach and cheese calzone

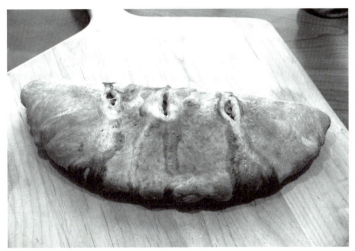
カラー写真→ P9

伝統的なピッツェリアでは、ピザに使われている基本的な材料を使って、チーズ入りの折りパイを作ります。私たちがおすすめするのは、ホールミルク（成分無調整乳）のリコッタチーズで作った、こくがあるクリーミーなフィリング。厚さはこれまでの2倍になるので、厚さのないナポリ風ピッツァよりも低いオーブン温度で焼く必要があります。

▶ **中サイズのカルツォーネ** [★1] **1枚**（2〜4人分）

使用する冷蔵保存生地：ブール（→第1巻「ベーシックブレッド編」P66）、ヨーロッパ風田舎パン（→第1巻 P98）、オリーブオイル生地（→ P30）、軽い全粒粉パン（→第1巻 P131）、イタリアのセモリナブレッド（→第1巻 P137）

上記の保存生地のいずれか……450g（グレープフルーツ大）
ニンニク（大）……1片（きざんでおく）

★1　カルツォーネ：calzone はイタリア語で「ストッキング」とか「ズボン」の意味。

7章　ピザと平焼きパン

オリーブオイル……大さじ1〜2
ホウレンソウ（生のもの、または冷凍ホウレンソウを解凍し、水気を切る）……0.6カップ
卵……1個
ホールミルクリコッタチーズ……1.2カップ
塩……小さじ1/4
挽きたてのブラックペッパー（お好みで）
全粒粉（ピザピールへの打ち粉用）……適量

1　**焼く20分前から、オーブン庫内の天板の上にピザストーンを置き、230℃に予熱する。**その際、天板とピザストーンはオーブンの中段に置く。熱湯を入れるための空のバットは、カルツォーネが膨らんでも邪魔にならないような段に置く。

2　ニンニクをオリーブオイルで素早くいため、香りをたたせる。ホウレンソウを加えて、2分間いため、しんなりさせる。ホウレンソウは水気を切って、そっと絞り、液体がたまっていれば捨てる。

3　ボウルに卵を溶いて、リコッタチーズ、塩、ブラックペッパーと合わせる。これにホウレンソウを加える。

4　冷蔵保存していた生地の表面に小麦粉をふり、450g分の生地（グレープフルーツ大）を切り取る。さらに小麦粉をふり、生地を横に90度ずつ回しながら、底を包み込むように表面をそっと引き伸ばして、手早くボール形にする（P90〜91の写真参照）。

5　ボール形の生地を、手とのし棒を使って木製の台の上でのばし、厚さ3〜4ミリの円形にする（A〜B）。その際は、打ち粉をして、生地がのし棒や台に付かないようにする。ただし台に少しくっついているくらいが、生地の反発力にさからってのばしていくには都合がいいので、打ち粉をし過ぎないこと。またくっついている生地を台からはがすときには、スケッパーを使うとよい。生地をさらにのばしていくには、途中までのばした生地を数分そのままにしておいて、落ち着かせる必要があるかもしれない。ここでは、手でのばして、後からさらにのし棒でのばしてもよい。のばした生地を、全粒粉をたっぷりふったピザピールの上に置く。

6 　生地の半分に、チーズとホウレンソウを混ぜたものをひろげる。端は 2.5 センチほど残しておく。料理用はけを使って、この端の部分に水を塗る（A）。生地を折って、何も付いていない側をチーズとホウレンソウにかぶせ、端の部分を指でしっかりと押さえて閉じる（B）。刃が波形のパン用ナイフを使って、上の部分に切れ目を 3 本入れる（生地が完全に切れるまで）（C）。生地を休ませる時間は必要ない。

7 　カルツォーネを熱いピザストーンの上に直接すべらせるように置く。熱湯 200mℓ をバットに注ぎ、オーブンのドアをすぐに閉める。約 25 分、またはキツネ色になるまで焼く。

8 　テーブルに出す前にケーキクーラーの上などで少し冷まして、チーズが少し固まるようにする。

断面はこのような感じ

カラー写真→P9

米国フィラデルフィア名物。いわば"折りたたんだピザ"
ソーセージが入った
フィラデルフィア風ストロンボリ

Philadelphia stromboli with sausage

カラーイラスト→ P10

わたしたちはふたりとも、少しの間フィラデルフィアに住んだことがあるので、そこの名物料理であるストロンボリ[★1]は懐かしい思い出です。トマト、ソーセージ、モッツァレラチーズが入ったストロンボリは、まさに折りたたんだピザといったところ。フィラデルフィアでは、オーブンから出したてで、オリーブオイルが光っているストロンボリがテーブルへと運ばれてきたものです。カルツォーネ（→P41）や赤ピーマンのフーガス（→P58）とは違い、この平焼きパンはピタパンのように大きく膨らむので、焼く前に切れ目は入れません。

▶ 中サイズのストロンボリ 1 個（2〜4 人分）

使用する冷蔵保存生地： ブール（第 1 巻「ベーシックブレッド編」P66）、ヨーロッパ風田舎パン（→第 1 巻 P98）、オリーブオイル生地（→ P30）、軽い全粒粉パン（→

★1　ストロンボリ：Stromboli はイタリアの有名な火山島の名前。パンの中から具が出てくる様子が火山から溶岩が出てくる様子に似ていることから、この名前が付けられたとされる。

第1巻 P131)、イタリアのセモリナブレッド(→第1巻 P137)

上記の保存生地のいずれか……450g(グレープフルーツ大)
カットトマト(缶入り。できればイタリア産)……0.6カップ(よく水気を切る)
イタリアンソーセージ(スイートまたはホット)……1本(グリルで焼いて、厚さ3ミリにスライスする)
バジル(生)……10枚(ちぎるか、千切りにする)
スライスしたフレッシュモッツァレラチーズ(できれば水牛の乳で作ったもの)……225g
エクストラバージンオリーブオイル(仕上げ用)……適量
全粒粉(ピザピールへの打ち粉用)……適量

1 **焼く20分前から、オーブン庫内の天板の上にピザストーンを置き、230℃に予熱する**。その際、天板とピザストーンはオーブンの中段に置く。熱湯を入れるための空のバットは、ストロンボリが膨らんでも邪魔にならないような段に置く。

2 冷蔵保存していた生地の表面に小麦粉をふり、450g分の生地(グレープフルーツ大)を切り取る。さらに小麦粉をふり、生地を横に90度ずつ回しながら、底を包み込むように表面をそっと引き伸ばして、手早くボール形にする(P90~91の写真参照)。

3 ボール形の生地を、手とのし棒を使って木製の台の上でのばし、厚さ3~4ミリの円形にする(A~B)。その際は、打ち粉をして、生地がのし棒や台に付かないようにする。ただし台に少しくっついているくらいが、生地の反発力にさからってのばしていくには都合がいいので、打ち粉をし過ぎないこと。またくっついている生地を台からはがすときには、スケッパーを使うとよい。生地をさらにのばしていくには、途中までのばした生地を数分そのままにしておいて、落ち着かせる必要があるかもしれない。ここでは、手でのばして、後からさらにのし棒でのばしてもよい。のばした生地を、全粒粉をたっぷりふったピザピールの上に置く。

4　生地の半分にトマト、ソーセージ、バジルをのせ、その上にチーズをのせる。生地のふちから 2.5 センチほどにはのせないでおく。

5　料理用はけを使って、ふちに水を塗る。生地を半分に折って、具をのせていない側をチーズの上にのせ、ふちを指でつまんで閉じる（A）。ストロンボリは膨らませる必要があるので、生地に切れ目は入れないこと。

6　ストロンボリを熱いピザストーンの上に直接すべらせるように置く。熱湯 200mℓ をバットに注ぎ、オーブンのドアをすぐに閉める。約 20 分、キツネ色になるまで焼く。

7　10 分ほど冷ましてからテーブルに出す。

豚肉の脂分がコクを生み出す
プロシュットとオリーブオイルの平焼きパン

prosciutto and olive oil flatbread

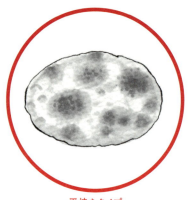

平焼きタイプ

ジェフより：友人のラルフのお母さんはイタリアのナポリ出身で、彼女は子どもの頃に食べた、細かく切った豚の背脂がたくさん入ったパンを覚えているそうです。豚の脂（ラード）はパンの中で溶けて、素晴らしくコクのあるクラムになるのです。このパンは、「パネ・ディ・ラルド」（Pane di Lardo／ラードのパン）と呼ばれていました。

地元のスーパーマーケットではイタリアンスタイルの豚の背脂は手に入らなさそうなので、わたしたちのレシピでは、もっと一般的に愛されているイタリアの肉、プロシュットを使ってみることにしました。プロシュットは熟成させたイタリアのハムで、イタリア産の本物は多少高価ですが、それほど高くはないものもあります。スペインのハモン・セラーノもプロシュットに似たタイプのハムで、これを使うこともできます。プロシュットを使うことで、パンに素晴らしい甘みと塩気のコンビネーションが加わり、これにローズマリーがよく合います。よく冷やしたプロセッコ（イタリアの甘いスパークリングワイン）とともに出せば、すてきな前菜になります。

▶ 前菜6人分

オリーブオイル生地（→ P30）……450g（グレープフルーツ大）
乾燥ローズマリー（粉末）……小さじ 1/4（または生ローズマリー 小さじ 1/2）
プロシュットまたはハモン・セラーノのスライス……60g（2.5センチ四方の四角形に切る）
エクストラバージンオリーブオイル（仕上げ用）……適量
水溶きコーンスターチ（次の作り方を参照）

水溶きコーンスターチ：フォークを使って、小さじ 1/2 のコーンスターチを少量の水で溶いてのり状にする。120mℓの水を加えて、フォークでかき混ぜる。電子レンジ（強）か鍋で、約 30 秒から 60 秒、液に光沢が出るまで加熱する。冷蔵庫で 2 週間保存できる。古くなって匂いがしてきたら捨てること。

1. 冷蔵保存していた生地の表面に小麦粉をふり、450g 分の生地（グレープフルーツ大）を切り取る。さらに小麦粉をふり、生地を横に 90 度ずつ回しながら、底を包み込むように表面をそっと引き伸ばして、手早くボール形にする（P90〜91 の写真参照）。手とのし棒を使ってボール形の生地をのばし、厚さ約 1.5 センチほどの円形にする。

2. 円形の生地の上にプロシュットかハモン・セラーノを丸く並べ、その上に粉末状のローズマリーを散らす。生地を巻いてボール形にする。このボール形の生地を延ばして、厚さ 2.5 センチほどにし、コーンミールをふったピザピールの上で 40 分休ませ、発酵させる（生地が作りたてで冷蔵していない場合は、20 分でよい）。

3. **焼く 20 分前から、オーブン庫内の天板の上にピザストーンを置き、200℃に予熱する**。その際、天板とピザストーンはオーブンの中段に置く。熱湯を入れるための空のバットは、パンが膨らんでも邪魔にならないような段に置く。

4. 焼く直前に、水溶きコーンスターチを料理用はけで塗り、刃が波形のパン用ナイフで、十字や「ホタテ貝」状、または井げた状の切れ目を入れる（第 1 巻 P13 の写真を参照）。

5. 生地を熱いピザストーンの上に直接すべらせるように置く。熱湯 1 カップをバットに注ぎ、オーブンのドアをすぐに閉める。約 5 分、または十分なキツネ色になって、しっかりとした手触りになるまで焼く。

6. 冷ましてから、くさび形に切り分けて食べる。

南フランスの定番ピザ
ピサラディエール
pissaladiere

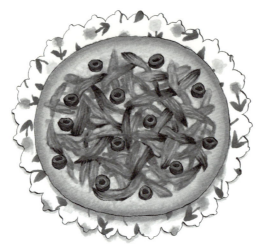

カラーイラスト→ P10

ジュリア・チャイルド〔アメリカの料理研究家。1960年代に出した料理本で、フランス料理をアメリカの一般家庭に初めて紹介した〕はその著書で、フランス料理のほとんどは家庭でも気軽に作れることを教えてくれましたが、その中には、楽しいピサラディエール・ニソワーズ（Pissaladiere Nicoise）のレシピもありました。これは、タマネギにアンチョビ、ブラックオリーブを添えたパイで、こくのあるパイ生地が使われています。これが南フランスで出されるときには、パイ生地の代わりに素朴な平焼きパンやピザ生地をベースに使うことがよくあります。そこでジュリアのレシピをアレンジしたレシピを考えてみました。ジュリアのレシピでは、ニーススタイルのドライブラックオリーブを使っていますが、より水分の多い、カラマタスタイルのブラックオリーブでもおいしくできます。種抜きオリーブは風味では劣りますが、時間の節約にはなります。ピサラディエールは、辛口の白ワインと一緒に出せば、夏の時期にぴったりのオードブルになります。

▶ **前菜 6 人分**

使用する冷蔵保存生地： ブール（→第1巻「ベーシックブレッド編」P66）、ヨーロッパ風田舎パン（→第1巻 P98）、オリーブオイル生地（→ P30）、軽い全粒粉パン

（→第 1 巻 P131）、イタリアのセモリナブレッド（→第 1 巻 P137）

上記の保存生地のいずれか……450g（グレープフルーツ大）
タマネギ（中）……3 個（細かいみじん切り）
オリーブオイル　大さじ 4
パセリ……4 本（きざむ）
乾燥タイム……小さじ 1/4
（または生タイム　小さじ 1/2）
ローリエ……1/2 枚
ニンニク……2 片（大きめのもの、みじん切り）
塩……小さじ 1/2
挽きたてのコショウ（お好みで）
アンチョビ・フィレ（缶入りまたはびん入り）……8 切れ（みじん切り）
種抜きオリーブ（ニース風またはカラマタ）……16 個（半分に切る）

1 焼く 20 分前から、オーブン庫内の天板の上にピザストーンを置き、290℃に予熱する（最大が 260℃ならそれでも可）。ピザの場合、オーブンのどの段に置いてもかまわない。またスチームも使わないので、バットは入れない。

2 フライパンなどにオリーブオイルを入れ、タマネギをハーブ類、ニンニク、塩、コショウと一緒に、すこしキツネ色になるまで約 30 分、中火で炒める。炒めすぎると、オーブンで焼いている間に焦げてしまうので注意。

3 冷蔵保存していた生地の表面に小麦粉をふり、450g 分の生地（グレープフルーツ大）を切り取る。さらに小麦粉をふり、生地を横に 90 度ずつ回しながら、底を包み込むように表面をそっと引き伸ばして、手早くボール形にする（P90～91 の写真参照）。

4 ボール形の生地を、手とのし棒を使って木製の台の上でのばし、厚さ 3～4 ミリの円形にする（A～B）。その際は、打ち粉をして、生地がのし棒や台に付かないようにする。ただし台に少しくっついているくらいが、生地の反発力にさからってのばしていくには都合がいいので、打ち粉をし過ぎないこと。またくっついている生地を台からはがすときには、スケッパーを使うとよい。生地をさらにのばしていくには、途中までのばした生地を数分そのままにしておいて、落ち着かせる必要があるかもしれない。ここでは、手でのばして、後からさらにのし棒でのばしてもよい。のばした生地を、コーンミールをたっぷりふったピザピールの上に置く。

5　ローリエを取り除いて、生地全体に、いためたタマネギとその油をひろげる。その上にアンチョビとオリーブをのせる。このレシピのオーブン温度では、ピザピールにふったコーンミールから煙が出るので、部屋に換気扇があればスイッチを入れる（P36のコラムを参照）。

6　ピサラディエールをピザストーンの上に直接すべらせるようにして置く（ピザをすべらせるために、ピザピールを何度も前後に動かすことになるかもしれない）。8分から10分たったら、焼け具合を確認する。このとき、場所によって焼け具合に違いがあれば、オーブンの中でピサラディエールを回転させる。最大5分、焼き時間を追加する。

7　少し冷ましてから、くさび形か四角形に切り分けて出す。

イタリア・トスカーナ風の最高のオードブル

タマネギとローズマリーの フォカッチャ

focaccia with onion and rosemary

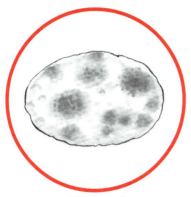

平焼きタイプ

　ここで紹介するのは、オリーブオイルの生地にタマネギとローズマリーをトッピングした、最高のトスカナ風オードブル。素朴なアンティパスト（前菜）などのような、何かシンプルなものと一緒に出すか、スープやパスタに添えましょう。このタマネギのフォカッチャは、タマネギを焦がさないように、通常よりも少し低い温度で焼きます。また、ピザストーンは使いません。ピザストーンを使うと油を吸収してしまい、その後に使おうとすると、何回かはピザストーンから煙が出て面倒だからです。

　このレシピの成功の秘訣は、タマネギをのせすぎないこと。生地の表面をタマネギですっかりおおってしまうと、フォカッチャに焦げ目が付かず、焼き上がりの色が薄くなってしまいます（それでもおいしいのですが）。

▶ 前菜6人分

使用する冷蔵保存生地：オリーブオイル生地（→ P30）がおすすめだが、ブール（→第1巻「ベーシックブレッド編」P66）、ヨーロッパ風田舎パン（→第1巻 P98）、軽い全粒粉パン（→第1巻 P131）、イタリアのセモリナブレッド（→第1巻 P137）でもよい。

上記の保存生地のいずれか……450g（グレープフルーツ大）
タマネギ（中サイズ、白または黄）……1/4個（薄くスライス）
エクストラバージンオリーブオイル……大さじ2
　（仕上げ用）……小さじ1
乾燥ローズマリー……小さじ3/4
　（または生ローズマリー……小さじ1 1/2）

7章　ピザと平焼きパン

粗塩、挽きたてのコショウ（仕上げ用）……適量
オリーブオイル（天板に塗る）

1 **焼く10分前から、オーブンを220℃に予熱する。** 熱湯を入れるための空のバットは、フォカッチャが膨らんでも邪魔にならないような段に置く。

2 天板にオリーブオイルを少量塗るか、クッキングシート（紙製やシリコン製など）を敷く。冷蔵保存していた生地の表面に小麦粉をふり、450g分の生地（グレープフルーツ大）を切り取る。さらに小麦粉をふり、生地を横に90度ずつ回しながら、底を包み込むように表面をそっと引き伸ばして、手早くボール形にする（P90〜91の写真参照）。

3 ボール形の生地を手で（必要ならのし棒を使う）のばし、最小限の打ち粉をして、厚さ1センチ強から2センチ弱の円形にする。円形の生地を準備した天板に載せる。

4 スライスしたタマネギを、大さじ2杯のオリーブオイルで柔らかくなるまで炒める（ただしキツネ色にはしない）。ここでキツネ色にすると、オーブンの中で焦げてしまう。炒めたタマネギを生地の表面に少なめにのせる。生地のふち2.5センチほどはのせずに残しておく。生地表面の大部分は、なにものっていないままで、タマネギの間から見えているくらいにする（最終的にタマネギは残ってもよい）。生地の表面がほとんど見えないようだと、タマネギが多すぎて、フォカッチャはおいしそうなキツネ色にならない。

5 ローズマリー、粗塩、挽きたてのコショウをふる。分量外のオリーブオイル（小さじ1程度）を表面にふりかける。ただし、多すぎると端からたれ始めるので注意すること（タマネギと同じで、オイルは表面全体にふらなくてよい）。

6 フォカッチャ生地を20分間休ませ、発酵させる。

7 フォカッチャを休ませてから、天板をオーブンの中段くらいに置く。熱湯1カップをバットに注ぎ、オーブンのドアをすぐに閉める。約25分、クラストがほどよいキツネ色になるまで焼く。タマネギを焦がさないように注意する。フォカッチャの厚さによって焼き時間を変える。フォカッチャにはオリーブオイルを使っているので、ひび割れたようなクラストにはならない。

8 くさび形に切り分けて、温かいうちに出す。

木の葉形の定番も、自宅で簡単に作れる
オリーブのフーガス
olive fougasse

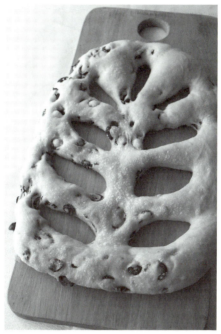

カラー写真→ P11

　プロヴァンス風フーガスとイタリアのフォカッチャは、言葉の意味や料理法のルーツが共通しています。どちらも古代ギリシャかエトルリア〔紀元前8世紀から1世紀ころにイタリアにあった都市国家群〕がルーツだと言われています。フーガスは、木の葉やはしごに似た、細かい切り抜き模様が特徴。そうした形にすることで、オーブンの熱があたる表面積が多くなり、硬い焼き上がりになります。フォカッチャと同じように、ピザストーンだと油を吸い込んでしまうので、天板を使って焼くことをおすすめします。オリーブを半分に切ってあるので、生地にそのエッセンスがしみこみます。

▶ 前菜6人分

使用する冷蔵保存生地：オリーブオイル生地（→ P30）、ブール（→第1巻「ベーシックブレッド編」P66）、ヨーロッパ風田舎パン（→第1巻 P98）、軽い全粒粉パン（→第1巻 P131）、イタリアのセモリナブレッド（→第1巻 P137）

上記の保存生地のいずれか……450g（グレープフルーツ大）
上質なブラックオリーブ（できればニース風かカラマタ）……0.6カップ（種を取り、半分か、大きければ4分の1に切る）
オリーブオイル（天板用、仕上げ用）……適量

1 **焼く10分前から、オーブンを200℃に予熱する**。熱湯を入れるための空のバットは、パンが膨らんでも邪魔にならないような段に置く。天板に、オリーブオイルを少量ぬるか、クッキングシート（紙製やシリコン製など）を敷いておく。

2 冷蔵保存していた生地の表面に小麦粉をふり、450g分の生地（グレープフルーツ大）を切り取る。さらに小麦粉をふり、生地を横に90度ずつ回しながら、底を包み込むように表面をそっと引き伸ばして、手早くボール形にする（P90～91の写真参照）。

3 ボール形の生地を、打ち粉をした木製の板の上で、厚さ1センチ強の円形に平たくのばし、オリーブを散らす。円形の生地をロールケーキのようにくるくると巻く。ロールケーキ状の生地を、ボール形に成形する。さらにそのボール形の生地を、厚さ約1センチ強の平らな楕円形に成形する（A）。生地に入れた切れ目がすぐに閉じてしまったり、くっつきあったりしないようにする必要があるので、このパンの生地はほかのパンよりも乾燥した状態にする。そのため、適宜打ち粉をする。打ち粉をした木製の板やピザピールの上に、楕円形の生地を置く。

4 角度を付けて切れ目をいれる。焼いている間に切れ目が閉じずに、ちゃんと広がったままにしておくために、さらに打ち粉をする必要があるかもしれない。切れ目をそっと引っ張って、穴にする（A～B）。

5 　切れ目を入れた生地をそっと持ち上げて、油をぬるかクッキングシートを敷いておいた天板の上にのせ、さらにオリーブオイルをはけで塗る (A)。20分休ませる。

6 　フーガスをのせた天板をオーブンの中段あたりにいれる。熱湯200㎖をバットに注ぎ、オーブンのドアをすぐに閉める。20分ほどたったところで焼き加減を確認し、キツネ色になるまで焼く。必要があれば約5分延長する。フーガスはオリーブオイルを使っているので、ひび割れたようなクラストにはならない。

7 　温かいうちに出す。

一般的なフーガスを折りたたんで作る
ローストした赤ピーマンをはさんだフーガス

fugasse stuffed with roasted red pepper

カラー写真→ P12

　この平焼きパンは、ローストした赤ピーマンを入れて折りたたんであり、見た目がとてもはなやか。オリーブのフーガスを作る方法と一部は同じですが、生地の半分だけに切れ目を入れてから折りたたんであり、中にひろげたローストした赤ピーマンが間から見えるようになっています。コクがあって、いぶしたような赤ピーマンの香りがパン全体に広がります。スライスしたり、小さく切ったりすれば、素晴らしい、印象的なオードブルになります。

▶ **前菜6人分**

使用する冷蔵保存生地：オリーブオイル生地（→ P30）、ブール（→第1巻「ベーシックブレッド編」P66）、ヨーロッパ風田舎パン（→第1巻 P98）、軽い全粒粉パン

（→第 1 巻 P131）、イタリアのセモリナブレッド（→第 1 巻 P137）

上記の保存生地のいずれか……450g（グレープフルーツ大）
赤ピーマン（中）……1 個
（またはびん入りのロースト赤ピーマンを同量。ペーパータオルなどで水気をとる）
粗塩（仕上げ用）……適量
乾燥タイム……小さじ 1/4
オリーブオイル（できればエクストラバージンオリーブオイル）（仕上げ用）……適量
全粒粉（ピザピールへの打ち粉用）……適量

1　赤ピーマンは 4 分の 1 に切り、必要ならさらに切って、平らにする（A～C）。

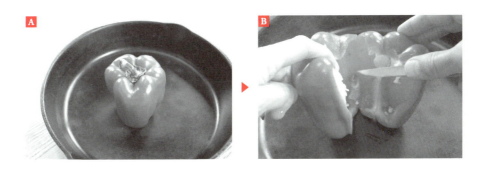

2　赤ピーマンの皮の部分が火に近くなるようにして、オーブンのブロイラー（上面焼き器／上面焼き機能）[★1] か、ガスまたは炭火のバーベキューグリルで焼く（A）。焼き具合をひんぱんに確認して、皮が焦げていたら取り除きながら、8 分から 10 分焼く（熱源によって時間は異なる）。

★1　オーブンのブロイラー（上面焼き器／上面焼き機能）：食材の上面から火をあてるためのオーブンの一部分、またはその機能。なければ、ガスコンロ付属の魚焼きグリルなどで代替可能。

3 焼いた赤ピーマンを空の手鍋やボウルに入れ（A）、ふたをしておく。10分程度で皮がむけるようになる。

4 赤ピーマンの皮を手でそっとむき、焦げた皮は捨てる（A〜B）。焦げた部分が赤ピーマンの身に残ることがあるが、気にしなくてよい。

5 **焼く20分前から、オーブンを230℃に予熱する。**その際、天板とその上のピザストーンはオーブンの中段あたりに置く。熱湯を入れるための空のバットは、パンが膨らんでも邪魔にならないような段に置く。

6 冷蔵保存していた生地の表面に小麦粉をふり、450g分の生地（グレープフルーツの大きさ）を切り取る。さらに小麦粉をふり、生地を横に90度ずつ回しながら、底を包み込むように表面をそっと引き伸ばして、手早くボ

ール形にする（P90〜91 の写真参照）。

7　ボール形生地を、のし棒をつかってのばし、厚さ約 3〜4 ミリの大きな円形に成形する（A〜B）。グルテンクローク（→第 1 巻 P70）を作ったり、成形したり、生地をのばしたりする際には、多めに打ち粉をして、切れ目が閉じたり、くっつき合ったりしないようにする。ピザピールに全粒粉をふり、円形に成形した生地をおく。

8　生地の半分だけに切れ目を入れる（A）。途中で切れ目がくっつかないようにするには、さらに打ち粉をしてべたつきをおさえる必要があるかもしれない。指で切れ目をそっと広げて、穴を開ける。

9　ローストした赤ピーマンを細く切り、生地の切れ目を入れていない側に重ならないように並べる。ふちから 2.5 センチほどにはのせずにおく。粗塩をふる。生地のふちを水で湿らせてから、切れ目を入れた側を折って、赤ピーマンの上にかぶせ、ふちをつまんで閉じる。赤ピーマンの鮮やかな色が、切れ目の間からのぞくはずだ。料理用ハケでオリーブオイルを塗る（A）。タイムを全体にふる（B）（タイムはこの段階で生地の外側にふってもよいし、この直前の粗塩をふる段階で粗塩と一緒に生地の内側にふっておいてもよい）。

10 フーガスを熱いピザストーンの上に直接すべらせるように置く。熱湯1カップをバットに注ぎ、オーブンのドアをすぐに閉める。約25分、キツネ色になるまで焼く。
11 冷ましてから、スライスするか、小さく切って出す。

ほのかな甘みに、オレンジの風味が香る
アニスシードの入った甘いプロヴァンス風平焼きパン

sweet provencal flatbread with anise seeds

カラー写真→ P13

南フランスのプロヴァンス地方のパン職人は、ピサラディエール（→P50）のような塩気のある平焼きパンを作ることで有名ですが、それと比べてあまり知られていない、ほのかに甘いパンも同じくらいおいしいものです。アニスは、リコリス（甘草）に似た独特の風味があり、すり下ろしたオレンジの皮によく合います。

▶ 450gの生地4個分、または小さな三角形の生地8個分。

（2倍や半分の分量でも作れます）
水……530㎖
オレンジジュース……120㎖
オリーブオイル……大さじ4

ドライイースト……大さじ1 1/2

粗塩またはコーシャーソルト……大さじ1 1/2

アニスシード（粒）……大さじ1（生地用）

（別に飾り用をとっておく）

砂糖……65g

すり下ろしたオレンジの皮……1/2個分

準強力粉……910g

コーンミール（ピザピールへの打ち粉用）

水溶きコーンスターチ（作り方はP49を参照）

1　**生地を混ぜ、保存する**：5リットル程度の、ふたがついた（密閉でない）食品用コンテナ（ボウルでも可）を用意し、イースト、粗塩、アニスシード、砂糖、すり下ろしたオレンジの皮を、水、オリーブジュース、オリーブオイルと混ぜる。

2　準強力粉を加え、こねないようにして混ぜる。木べらや、大容量用（小麦粉2kg以上用）のフードプロセッサー（生地用のアタッチメントを使用）、業務用スタンドミキサー（生地用フックを使用）を使う。機械を使わない場合、十分にぬらした手を使ってだまがなくなるまで混ぜてもよい。

3　容器にふたをして（密閉はしない）、室温で約2時間休ませる。その間に、生地は発酵し、その後つぶれてくる（または上が平らになる）。

4　この一次発酵が完了すれば、すぐに生地を使えるが、冷やしてからの方が扱いやすい。ふたのついた（密閉でない）食品コンテナに入れて冷蔵保存し、2週間以内に使う。

5　**焼く当日には**、冷蔵保存していた生地の表面に小麦粉をふり、生地を450g分（グレープフルーツ大）切り取る。さらに小麦粉をふり、生地を横に90度ずつ回しながら、底を包み込むように表面をそっと引き伸ばして、手早くボール形にする（P90〜91の写真参照）。

6　ボール形の生地を手で平らにしてから、のし棒と必要最小限の打ち粉を使ってのばし、1センチ強の均一な厚さの円形にする。本当のプロヴァンス風の形にするには、丸い生地を何個かの三角形に切り分ける（A〜B）（切り分けずに、1個の円形の平焼きパンとしてもよい）。

7 **焼く 20 分前から、オーブンを 230℃に予熱する**。その際、天板とその上にのせるピザストーンはオーブンの中段に置く。熱湯を入れるための空のバットは、パンが膨らんでも邪魔にならないような段に置く。

8 コーンミールをふったピザピールの上で 20 分休ませ、発酵させる。焼く直前に、生地の表面に水溶きコーンスターチを塗り、アニスシードをふる（A）（三角形に切り分けなかった場合は、刃が波形のパン用ナイフなどで切れ目を入れる）。

9 生地を熱いピザストーンの上に直接すべらせるように置く。熱湯 200mℓ をバットに注ぎ、オーブンのドアをすぐに閉める。15 分から 20 分、または濃いキツネ色になって、しっかりとした手触りになるまで焼く。

10 冷ましてから食べる。

トマトや炒めたタマネギなどの具を入れても

粗挽きコーンミール＋松の実＋オリーブオイルの組合せ
松の実をちりばめた ポレンタ平焼きパン

pine nut-studded polenta flatbread

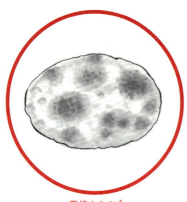

平焼きタイプ

松の実、ポレンタ、オリーブオイルといった、昔ながらのイタリアの素材を使ったレシピをもう1つ紹介しましょう。ポレンタは、北イタリアスタイルの粗挽きコーンミールで、素晴らしい風合いと歯ごたえを生み出します。さらに松の実がコクと風味を加え、オリーブオイルがそれらをすべて1つにまとめます。ブロアの生地（→第1巻「ベーシックブレッド編」P139）でも作れますが、風味はもっと控えめになり、歯ごたえも弱くなります。このパンは、ボリュームのあるスープにつけて食べるのにぴったりですし、ディップやオードブルにも向いています。

▶ 450gの生地4個分

（2倍や半分の分量でも作れます）
水……710mℓ
ドライイースト……大さじ1 1/2
粗塩またはコーシャーソルト……大さじ1 1/2
松の実……70g
ポレンタ粉……130g
準強力粉……815g
オリーブオイル（仕上げ用）……適量

1. **生地を混ぜ、保存する**：5リットル程度の、ふたがついた（密閉でない）食品用コンテナ（ボウルでも可）を用意し、イースト、粗塩、松の実を水と混ぜる。
2. 準強力粉とポレンタ粉を加え、こねないようにして混ぜる。木べらや、大

容量用（小麦粉 2kg 以上用）のフードプロセッサー（生地用のアタッチメントを使用）、業務用スタンドミキサー（生地用フックを使用）を使う。機械を使わない場合、十分にぬらした手を使ってだまがなくなるまで混ぜてもよい。

3 容器にふたをして（密閉はしない）、室温で約 2 時間休ませる。その間に、生地は発酵し、その後つぶれてくる（または上が平らになる）。

4 この一次発酵が完了すれば、すぐに生地を使えるが、冷やしてからの方が扱いやすい。ふたのついた（密閉でない）食品コンテナに入れて冷蔵保存し、8 日以内に使う。

5 **焼く当日には**、冷蔵保存していた生地の表面に小麦粉をふり、生地を 450g 分（グレープフルーツ大）切り取る。さらに小麦粉をふり、生地を横に 90 度ずつ回しながら、底を包み込むように表面をそっと引き伸ばして、手早くボール形にする（P90〜91 の写真参照）。

6 ボール形の生地を平たくして、厚さ 2.5 センチの自由な形に成形する。コーンミールかポレンタ粉をふったピザピールにおく。松の実が飛び出していれば、生地の中に押し戻す（オーブンの熱が直接あたると焦げるため）。表面にオリーブオイルを塗る。40 分休ませ、発酵させる。

7 **焼く 20 分前から、オーブンを 200℃に予熱する**。その際、天板とその上にのせるピザストーンはオーブンの中段に置く。熱湯を入れるための空のバットは、パンが膨らんでも邪魔にならないような段に置く。

8 生地を熱いピザストーンの上に直接すべらせるように置く。熱湯 200㎖ をバットに注ぎ、オーブンのドアをすぐに閉める。約 20 分、十分なキツネ色になって、しっかりとした手触りになるまで焼く。

9 冷ましてから食べる。

中近東のスパイスを使って独特の風味を楽しむ
ザーターをふった平焼きパン
za'atar flatbread

平焼きタイプ

「ザーター」（Za'atar）というスパイスには、素朴なレモンの風味があり、慣れ親しんだ西洋風の風味とまったく違います。この独特の味わいは、挽いたスマック〔ウルシ類の果実〕によるもので、これに乾燥タイムとゴマが混ぜてあります。ザーターは自分でブレンドしてもいいですし、中東の食料品を扱うお店で買ってもいいでしょう。オンラインショップでも購入できます。手作りするには、挽いたスマックが1、乾燥タイムが2、ゴマが1の割合で混ぜます〔ザーターもスマックも、日本でも販売されている〕。

左：ザーター。乾燥タイム、ゴマ、スマックを混ぜたミックススパイス。右：スマック。色は一味唐辛子のような濃い赤

ジェフより：わたしが初めてザーターを使ったパンに出会ったのは、自分が住んでいるミネソタ州ミネアポリスにあるイラク人の食料品店でした。このスパイスの香りが忘れられずに、何年か後にもう一度その店を訪れてザーターを買い、自分でパンを焼いてみました。食料品店の店主はわたしの発音に笑っていましたが、わたしはお気に入りのザーターを3年分、とても手ごろな価格で手に入れられて満足でした。

ザーターを一度にたくさん買ってしまっても心配ありません。この本には、ザーターを使えるレシピがたくさんあります。「ジムのスパイシーケバブ」（→P73）と、美しいブレッドサラダ「ファトゥーシュ」（→P74）という2つの地中海料理にザーターを使えば、面白い風味になります。

▶ 平焼きパン1枚分

使用する冷蔵保存生地：ブール（→第1巻「ベーシックブレッド編」P66）、ヨーロッパ風田舎パン（→第1巻 P98）、軽い全粒粉パン（→第1巻 P131）、オリーブオイル生地（→ P30）、イタリアのセモリナブレッド（→第1巻 P137）
上記の保存生地のいずれか……450g（グレープフルーツ大）
上質なエクストラバージンオリーブオイル……大さじ3
（天板に塗る分）……適量
ザーター……大さじ1（この項の冒頭の文章を参照）
粗塩（お好みで）

1　天板に、少量のオリーブオイルをぬって、置いておく。冷蔵保存していた生地の表面に小麦粉をふり、450g分の生地（グレープフルーツ大）を切り取る。さらに小麦粉をふり、生地を横に90度ずつ回しながら、底を包み込むように表面をそっと引き伸ばして、手早くボール形にする（P90～91の写真参照）。

2　ボール形の生地を平たくのばして、厚さ1センチ強から2センチ弱の円形にする。この生地を、オリーブオイルを塗った天板の上にのせる。

3　ザーターを生地全体に散らす。指先を使って、およそ2.5センチ間隔で生地に穴を開ける。この穴は指を離すとすぐに部分的にふさがってしまうかもしれない。

4　生地の表面にオリーブオイルを振りかける。指で穴を開けてできたくぼみにもオリーブオイルが入るように気をつける（オリーブオイルの生地を使った場合でも同じ）。オイルの一部は、表面を伝って、生地の裏側に流れていく。仕上げに粗塩をふる。この塩によって、ザーターの酸味が際立つ。ザーターにすでに塩が入っていれば、ここでの塩の量は控えめにする。

5　**焼く20分前から、オーブンを230℃に予熱する**。熱湯を入れるための空のバットは、平焼きパンが膨らんでも邪魔にならないような段に置く。このレシピではピザストーンは必須ではない。ピザストーンを使わない場合、予熱時間は5分でよい。

6　生地を20分間休ませたら、天板をオーブンの中央付近に入れる。熱湯200㎖をバットに注ぎ、オーブンのドアをすぐに閉める。

7　15分たったところで焼き加減を確認し、ほどよいキツネ色になるまで焼く。パンの厚さによって、焼き時間は変わってくる。このザーターの平焼きパンは、オイルを使っているのでひび割れたようなクラストにはならないが、焼き上がりの色はほどよいキツネ色になる。

8　くさび形に切り分けて、温かいうちに出す。

香り高い中東の平焼きパン。ケバブをはさめばなお美味しい
ピタ

pita

カラー写真→P14

ピタは、小麦粉をふってある、ふっくらとした中東の平焼きパン。シンプルで原始的なパンで、理由はうまく説明できないのですが、わたしたちのパンの中で香りが一番よいのはこれです。このパンはおいしいだけでなく、この本の中で一番手早く作れるパンの1つでもあります。このパンを膨らませるこつは、生地を薄くのばすことと、非常に高温のオーブンで焼くこと。ピタには切れ目を入れないので、生地の中の水蒸気が内側に閉じ込められるのです。上下のクラストができるとすぐに、内側の水蒸気によって、クラストの間が押し開かれます。またピタは、オーブンから出したばかりの温かいうちに食べるのが一番おいしいパンです。

ジェフより：友人のジムは、仕事でよく中東に行くので、おいしいピタがどんなものかよく分かっています。わたしの家族をミネソタ州北部の山小屋に招待してくれたとき、ジムは自分で作っているケバブに添えるピタを作ってほしいとわたしに頼んできました。彼のケバブのレシピは、外国に行ったときに見つけたお気に入りの味のものでした。砂漠からきた辛い料理にピタを添えて、1月のミネソタ州北部で食べるというのは、なんとも不釣り合いでしたが、美味しい組み合わせでした。わたしたちは一日中、湖の上で（周りではなく）クロスカントリースキーやハイキングをしました。北国の太陽が傾き始める頃、ジムが氷の上を車でやって来て、わたしをキッチンに呼び戻し、ピ

タを焼くことになりました。前菜にザーターをふった平焼きパン（→P68）を作り、ピタの中にはジムが作ったケバブをはさみました。その地中海の味と香りは、わたしたちをどこか別の暖かい場所に連れて行ってくれました。

▶ 切り分けて食べるサイズの大きなピタ1枚、または1人分のピタ4枚

使用する冷蔵保存生地：ブール（→第1巻「ベーシックブレッド編」P66）、ヨーロッパ風田舎パン（→第1巻P98）、軽い全粒粉パン（→第1巻P131）、オリーブオイル生地（→P30）、イタリアのセモリナブレッド（→第1巻P137）

上記の保存生地のいずれか……450g（グレープフルーツ大）
小麦粉（仕上げ用）……適量

1. 焼く20分前から、オーブン庫内の天板の上にピザストーンを置き、260℃に予熱する。バットは使わない。また天板とその上のピザストーンはどの段に置いてもよい。
2. 焼く直前に、冷蔵保存していた生地の表面に小麦粉をふり、450g分の生地（グレープフルーツ大）を切り取る。さらに小麦粉をふり、生地を横に90度ずつ回しながら、底を包み込むように表面をそっと引き伸ばして、手早くボール形にする（P90〜91の写真参照）。打ち粉をした板やピザピールに生地を置く。
3. 手とのし棒を使って、生地をのばして円形にする。厚さは3〜4ミリで全体が均一になるようにする（A）。厚すぎると膨らまないので、薄く均一にすることが重要。のばす間には、ピザピールに軽く粉をふり、ときどき生地を裏返して、のし棒やピザピールにくっつくのを防ぐ。生地がピザピールにくっついたら、スケッパーを使ってはがす。ピタに切れ目を入れると膨らまなくなるので、入れないこと。生地を発酵させる時間は不要（1人用サイズのピタを作る場合は、残りの生地でも同じ作業を繰り返す）。

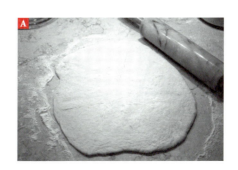

4 このレシピのオーブン温度では、こぼれた小麦粉からから煙が出る可能性があるので、換気扇があればスイッチを入れる。生地をピザストーンの上に直接すべらせるようにして置く（A）（ピザをすべらせるために、ピザピールを何度も前後に動かすことになるかもしれない）。軽くキツネ色になってふくらむまで、5分から7分焼く（B）〔下の2枚の写真はアメリカのオーブンのもので、ピザストーンの下が網状のラックになっている。日本の一般的なオーブンではピザストーンの下は天板になる〕。必要があれば、キツネ色にするために、ピタをオーブンの上段に移す（このときはピザストーンは使わない）。
5 本格的な、クラストの柔らかいピタにするためには、焼き上がった後に、

清潔な綿のふきんで包み、ケーキクーラーなどの上に置いておく（A）。ピタは冷めるときにすこししぼむ。クラストの間のすき間は残っているが（B）、フォークを使って広げる必要があるかもしれない。
6 ピタに「ジムのスパイシーケバブ」（次のレシピを参照）をはさんで出す。

または、ピタが冷めてから、ビニール袋に入れて保存する。クラストの硬いパンと違い、ピタは密封容器に入れても問題ない。

ジューシーな肉がピタにベストマッチ

ジムのスパイシーケバブ

Jim's spicy kebabs

ジムが中東で出会った懐かしい味を再現したのが、このケバブです。ラムと子牛の肉はとてもジューシーで、焼きたてのピタにぴったりです。

▶ 4〜6人分

ひき肉（ラム肉と子牛の肉を半分ずつ、またはラム肉のみ）……680g
カイエンペッパー……小さじ2
クミン（粉）……小さじ2
コリアンダー（粉）……小さじ2
コショウ（粉）……小さじ2
塩（お好みで）
スマック（粉）またはザーター（P68を参照）（お好みで。なくてもよい）
タマネギ（甘みの強いもの。ヴィダリアオニオン、スパニッシュオニオン、黄タマネギなどが手に入ればそれを。中サイズ）　1個（薄くスライス）
パセリ（生、細かくみじん切り）
ピタ（1人用サイズ）……4〜6個

1　スマック、タマネギ、パセリ、ピタ以外の材料をすべて混ぜる。ふたのある容器に入れ、冷蔵庫に1時間おく。
2　炭火を用意するか、ガスグリルを中火で15分予熱する。1の肉を細長いパテにして、グリルで焼く。焼きすぎたり、あまりひんぱんに裏返したりしない。ケバブに弾力が出てくるまで、約20分焼く。
3　ピタの半分までケバブを詰め、スマックか、好みでザーターを軽くふる。スライスしたオニオンをのせ、みじん切りにしたパセリをふる。

エキゾチックな中東のパンサラダ
ファトゥーシュ

fattoush

　このレバノンのパンサラダは、鮮やかな色と、エキゾチックな中東の風味が特徴。おいしいのはもちろん、見た目もきれいです。ファトゥーシュは、ヨーロッパ風のパンで作るトスカナ風ブレッドサラダ「パンツァネッラ」（→第1巻「ベーシックブレッド編」P100）のような、ほかの地中海風のパンサラダと近い関係にあります。ただし、このレバノンの名物料理は、パンツァネッラとは少し違っているところもあります。その風味を特徴付けているのは、レモンジュース、ミント、パセリ、そしてもし手に入ればスマックとザーター（P68の「ザーターをふった平焼きパン」参照）。また、このサラダでは中東風のピタが必要になりますが、焼きたてのピタをトーストして使う点も、硬くなったパンを使うパンツァネラとは違います。硬くなったピタをトーストすると、まるでアイスホッケーのパックのようになってしまうのです！

▶ **4人分**

サラダ

トマト（中）……3個（さいの目切り）
キュウリ（中）……1本（きざむ）
ワケギ……1本（輪切り）
ロメインレタス……大きめの葉を2枚（一口サイズにちぎる）
パセリ（細かくきざんだもの）……0.4カップ
ミント（生、きざんだもの）……大さじ3
　（または乾燥ミント　大さじ1）
ピタ（→P70）……2枚（幅15〜20センチのものを、かりっとトーストして、一口サイズに切る）

ドレッシング

エクストラバージンオリーブオイル……0.4カップ
レモン果汁……1/2個分
ニンニク……1片（細かいみじん切りにする）
塩……小さじ1
挽きたてのコショウ（お好みで）

スマック（粉）またはザーター（P68を参照）……小さじ1

1 サラダの材料をすべて切って、大きめのサラダボウルに入れる。
2 ドレッシングの材料をすべて、泡立て器でよく混ぜる。
3 ドレッシングをサラダにかけて、少なくとも10分間、ピタが柔らかくなるまでおく。

世界で最も古いパンの1つ。起源は1万年前！

ラヴァッシュ

lavash

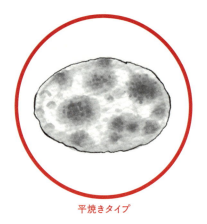

平焼きタイプ

アルメニアのラヴァッシュは、世界で最も古いパンの1つと考えられていて、起源は1万年前にさかのぼります。このシンプルな平焼きパンは、ソースをつけて食べたり、スープやディップと一緒に出すのに適しています。

生地をとても薄くのばすので、少量の生地からたくさんのラヴァッシュができます。中央アジアの別の地域では、非常に薄いクラッカーのようなものだけでなく、それより厚めのものもあります。わたしたちのレシピでは、ラヴァッシュがほんの少しだけキツネ色になって、まだもちもちしている段階でオーブンから出します。ほかのいろいろなことにも言えますが、これも好みの問題なので、クラッカーのようにしたければ、濃いキツネ色になって、かりっとするまで焼いて下さい。何回か実験してみるといいでしょう。このレシピはかなり融通が利きます。

このラヴァッシュでは、ゴマと、パンが軽くカラメル化した風味を感じます。この2つの風味の組み合わせが、ほとんどのパンでよくある「小麦っぽさ」を上回っており、非常にユニークでありながら、微妙な風味を味わうことができます。

▶ ラヴァッシュ数枚分

使用する冷蔵保存生地：ブール（→第1巻「ベーシックブレッド編」P66）、ヨーロッパ風田舎パン（→第1巻 P98）、軽い全粒粉パン（→第1巻 P131）、イタリアのセモリナブレッド（→第1巻 P137）、オリーブオイル生地（→ P30）

上記の保存生地のいずれか……230g（オレンジ大）
ゴマ（仕上げ用）……適量
水溶きコーンスターチ（作り方は P49 を参照）

1 **焼く 20 分前から、オーブンを 230℃に予熱する**。オーブン庫内の天板の上にピザストーンを置いておく。熱湯を入れるための空のバットは、パンが膨らんでも邪魔にならないような段に置いておく。

2 冷蔵保存していた生地の表面に小麦粉をふり、230g 分の生地（オレンジ大）を切り取る。さらに小麦粉をふり、生地を横に 90 度ずつ回しながら、底を包み込むように表面をそっと引き伸ばして、手早くボール形にする（P90〜91 の写真参照）。

3 生地をピザピールの上に置いて、手とのし棒を使って、平らな円形にする。さらに生地をのばしていって、全体を 2〜3 ミリの均一な厚さにする。230g の生地から、ラヴァッシュを何枚か作ることができる。

4 表面に料理用はけで水溶きコーンスターチをぬり、ゴマをふる。表面全体をフォークで刺す。そうすることで、水蒸気を逃し、ラヴァッシュが膨らむのを防ぐ。生地を休ませる時間は不要。

5 ラヴァッシュを熱くなったピザストーンに直接滑らせるように置く。熱湯 1 カップをバットに注ぎ、オーブンのドアをすぐに閉める。約 5 分、軽くキツネ色になるまで焼く。かりかりにするわけではないので、焼き色をつけすぎないこと。

6 ラヴァッシュは冷めやすいが、温かいうちにも出せる。いったん冷めれば、ビニール袋に入れて十分保存がきく。クラストの硬いパンとは異なり、ラヴァッシュは密封容器に入れても問題ない。

モロッコのアニスと大麦の平焼きパン
ケスラ

ksra(Moroccan anise and barley flatbread)

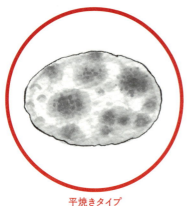
平焼きタイプ

　これは、とてもボリュームがあって、お腹が一杯になる田舎パンですが、米国ではほとんど知られていません。押し大麦か大麦粉が手に入らなかったら、代わりに全粒粉かライ麦粉を使いましょう。どちらもアニスとよく合います。モロッコの平焼きパンはラヴァッシュやピタよりも厚め。わたしたちのレシピでは、フォカッチャと同じくらいの厚さにしました。

　ジェフより：わたしは1987年に、バスの中で初めてケスラを食べました。ただ、そのバスは1960年代に作られた年代物で、ひどく揺れながらモロッコのトラス山脈を越えて行くところでした。休憩のために停車した場所にはレストランはないし、高地のせいでバスの中は凍えるほどの寒さ。乗車時間は予定より長かったので、わたしは腹ぺこでした。休憩で止まったとき、屋台でケスラを何枚か買いました。パンと水だけで16時間もこんな冒険をやり通すなら、これが一番おいしいやり方だと思います。大麦のボリュームのおかげで、まるできちんとした食事のようでした。

▶ 450gの生地4個分

（2倍や半分の分量でも作れます）
ぬるま湯……710ml
ドライイースト……大さじ1 1/2
粗塩またはコーシャーソルト……大さじ1 1/2
アニスシード（粒）……大さじ1
押し大麦　70g、または大麦粉……90g
　（なければ全粒粉かライ麦粉でも）
準強力粉……815g

1. **生地を混ぜ、保存する**：5リットル程度の、ふたがついた（密閉でない）食品用コンテナ（ボウルでも可）を用意し、イースト、粗塩、アニスシードをぬるま湯と混ぜる。

2. 押し大麦（または大麦粉）と準強力粉を加え、こねないようにして混ぜる。木べらや、大容量用（小麦粉2kg以上用）のフードプロセッサー（生地用のアタッチメントを使用）、業務用スタンドミキサー（生地用フックを使用）を使う。機械を使わない場合、十分にぬらした手を使ってだまがなくなるまで混ぜてもよい。

3. 容器にふたをして（密閉はしない）、室温で約2時間休ませる。その間に、生地は発酵し、その後つぶれてくる（または上が平らになる）。

4. この一次発酵が完了すれば、すぐに生地を使えるが、冷やしてからの方が扱いやすい。ふたのついた（密閉でない）食品コンテナに入れて冷蔵保存し、10日以内に使う。

5. **焼く当日には**、オーブンを230℃に予熱する。その際、天板とその上にのせるピザストーンはオーブンの中段に置く。熱湯を入れるための空のバットは、パンが膨らんでも邪魔にならないような段に置く。

6. 冷蔵保存していた生地の表面に小麦粉をふり、生地を450g分（グレープフルーツ大）切り取る。さらに小麦粉をふり、生地を横に90度ずつ回しながら、底を包み込むように表面をそっと引き伸ばして、手早くボール形にする（P90～91の写真参照）。

7. 生地を平らにのばして、厚さ2センチ弱の円形にし、コーンミールをふったピザピールの上で20分休ませ、発酵させる。

8. 生地を熱いピザストーンの上に直接すべらせるように置く。熱湯200㎖をバットに注ぎ、オーブンのドアをすぐに閉める。約20分、十分なキツネ色になって、しっかりとした手触りになるまで焼く。

9. 冷ましてから、くさび形に切り分けて出す。

ぴりっとする冷たいスープ。ケスラと一緒に
モロッコ風ガスパチョ
chilled Moroccan-style gazpacho

　もちろん、実際にはケスラと水だけを食べて生きることはできないので、ボリュームのあるモロッコのパン「ケスラ」（1つ前のレシピを参照）と一緒に食べるものを紹介します。夏の夕方に食べる、採れたての野菜で作った冷たいガスパチョの、あっさりとした、すっきりとする味も大好きですが、もっと食事になるようなスープを作りたいと考えました。モロッコのハリッサスープで使う、ヒヨコマメと辛いハリッサペーストを取り入れたら、できあがり！　北アフリカの雰囲気が漂う、口当たりがよくて、ぴりっとする冷たいスープになりました。

▶ 4人分

完熟トマト（中）……3個
キュウリ（中）……1/2本（粗めにきざむ）
赤ピーマン……1個（粗めにきざむ）
パン（スライス）……2枚
タマネギ（小）……1/2個（粗めにきざむ）
ニンニク……2片（粗めにきざむ）
赤ワインビネガー……大さじ2
エクストラバージンオリーブオイル……80㎖
クミンパウダー……小さじ1/2
塩……小さじ1
挽きたてのブラックペッパー（お好みで）
ハリッサペースト……小さじ3（中東食料品店などで手に入る）〔日本でも入手可〕
コリアンダー（きざんだもの）……0.3カップ
ヒヨコマメ……1缶（よく水を切る）

1　ヒヨコマメ以外の材料をすべてフードプロセッサーにいれて、好みのかたさになるまで混ぜる。わたしたちは、少しかたまりが残っているくらいが好きですが、こだわりのある人は、なめらかな仕上りでなければいけないと言うでしょう。どちらにするかはお好みで。
2　ヒヨコマメを加えて、冷蔵庫で1時間半冷やす。食べる前に味を調整する。

オーブン不要。ガスレンジで焼ける最速パン
ナン
naan

　このバターがきいたおいしいインドの平焼きパンは、伝統的な作り方では、大きな円筒形の粘土のかまど（タンドール）の熱い内壁に、ウェットな生地を直接はりつけて焼きます。わたしたちのナンは、ノンスティック加工をした厚手のフライパンか、鉄鋳物のフライパン（スキレット）を使っています。本物のインドの澄ましバター（Ghee、ギー）の代わりにバターやオイルを使っていますが、本物の味にはおよびません。ギーは南アジアや中東の食料品を扱う市場で手に入ります。

　このレシピは、この本のなかでもっとも短時間で焼けるという点も特徴です。それは、ガスレンジで焼くので、オーブンの予熱が必要ないためです（ラヴァッシュとピタが僅差の2位です）。わたしたちの平焼きパンの多くと同じように、生地を休ませる必要はありません。忙しい日でも、夕食の直前にナンやラヴァッシュ、ピタのどれか1つを簡単に作ることができます（冷蔵庫に作り置きの生地がなければいけませんが）。「キュウリとミントの冷製ヨーグルトスープ」（→P84）と一緒にどうぞ。

7章　ピザと平焼きパン

ジェフより：わたしの家族は、森でキャンプをするときにナンを作るのが大好きです。直径30センチほどのフライパンを、頑丈なコールマンのキャンピングストーブにのせるだけで、焼きたてのパンができるのです。たき火の煙のなかに漂うナンの香りに、いつもたくさんのキャンパーが興味を持って集まってきます。

▶ナン1枚

使用する冷蔵保存生地：ブール（→第1巻「ベーシックブレッド編」P66）、ヨーロッパ風田舎パン（→第1巻P98）、軽い全粒粉パン（→第1巻P131）、イタリアのセモリナブレッド（→第1巻P137）

上記の保存生地のいずれか……110g（モモ大）
ギー（市販品または自家製のもの）……大さじ1
（なければ特別な風味のない食用油、またはバター）
バター（仕上げ用、ギーが手に入らない場合）……適量

1 冷蔵保存していた生地の表面に小麦粉をふり、110g分の生地（モモ大）を切り取る。さらに小麦粉をふり、生地を横に90度ずつ回しながら、底を包み込むように表面をそっと引き伸ばして、手早くボール形にする（P90〜91の写真参照）。手とのし棒を使い、最小限の打ち粉をふりながら生地をのばす。全体を3〜4ミリの均一な厚さにし、直径は20〜23センチ程度にする。

2 直径30センチ程度の厚手のノンスティック加工をしたフライパン、または鉄鋳物のフライパンを、強火にかける。フライパンに落とした水滴が、表面をさっと転がって、すぐに蒸発するくらいになったら、フライパンは十分熱くなっている。ギーか食用油、またはバターを入れる（A）。油が多すぎるようであれば取り除いておく。

3 　のばした丸い生地をフライパンに入れ（A）、中火にする。ふたをして、水蒸気と熱を閉じ込める（B）。

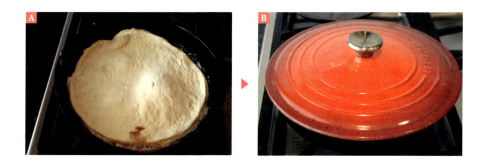

4 　3分たったところで、焼き加減を確かめる（A）。早めに焼けてきた匂いがしたら、3分たつ前に確認する。必要に応じて火力を調整する。下側が十分にキツネ色になったら裏返す（B）。

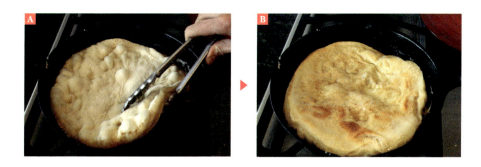

5 　ナンが端の方までしっかりとしてきて、もう一方の面もキツネ色になるまで、さらに2分から6分焼く。ナンが厚かったり、全粒粉の生地を使っている場合には、焼き時間を長くする。

6 　ナンをフライパンから取り出す。ギーではなく油で焼いた場合には、表面にはけでバターを塗ってから出す。

インド料理レストラン「デヴィ」のオーナーシェフ特製

キュウリとミントの冷製ヨーグルトスープ

Suvir Saran's chilled yogurt soup with cucumber

ゾーイより：わたしの友人のスヴィア・サランは、ニューヨークで評判のレストラン「デヴィ」のオーナーシェフで、とても伝統的なインド料理の味を最先端の新しい料理と融合させるのを得意としています。このレシピは、彼の素晴らしい著書「インドの家庭料理」（Indian Home Cooking）からのものです。冷たくて気分を落ち着かせてくれるヨーグルトに、よい刺激のあるスパイスを加えたスープは、暑い時期の食事の最初に出すと、食欲を引き出してくれます。ギーを塗った、焼きたての柔らかいナンを添えましょう（ギーについては、1つ前のレシピを参照）。

▶ 4人分

クミンシード……小さじ 1 1/2
プレーンヨーグルト……4.2 カップ
キュウリ（中）……1 本（粗めにきざむ）
青唐辛子（生、小）（セラーノなど）……1 個（種を取ってみじん切り）
ガラムマサラ……小さじ 1/4
塩……小さじ1（またはお好みで）
挽きたてのホワイトペッパー……小さじ 1/8
ミント（生、粗みじん切り）……大さじ 3
（仕上げ用にきざまないものを 12 枚）

1. 乾いたフライパンかソースパンにクミンシードを入れ、中火で2、3分、軽くキツネ色になって、よい香りがしてくるまで煎る。スパイスミルで粉にする。

2. クミンパウダーは、少量を仕上げ用にわけておく。残りのクミンパウダーを、仕上げ用のミントの葉以外の材料と合わせてフードプロセッサーに入れ、滑らかに入れるまで混ぜる。混ぜたものをへらなどでかきだして、盛りつけ用の深めの皿に注ぐ。冷たくなるまで、少なくとも1時間半冷蔵庫に入れる。

3. ミントの葉を飾り、好みでクミンパウダーをふって出す。

伝統的な定番パンを簡単に作れるようにアレンジ
スカンジナビアの
ライ麦平焼きパン

flatbrod(flatbread Skandinavian)

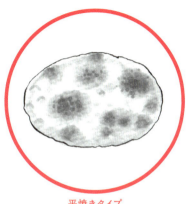

平焼きタイプ

わたしたちは、スカンジナビアの伝統的なライ麦のクリスプブレッドを、簡単に作れるようにアレンジしました。このパンは普通、何もふらずに焼きますが、型にははまらずに、オリーブオイルと粗塩をふって、地中海の雰囲気を加えてみました。このパンはラヴァッシュとは違い、紙のように薄くのばした生地を、かりかりのキツネ色になるまで焼きます。魚の薫製やニシン、ケイパーなど、スカンジナビアの珍味をのせて出します。

▶ 平焼きパン数枚分

デリスタイルのライ麦パン（→第1巻「ベーシックブレッド編」P113）の生地（キャラウェイシードは入れない）……230g（オレンジ大）
オリーブオイル（仕上げ用）……適量
粗塩（仕上げ用）……適量

1 焼く20分前から、オーブン庫内の天板の上にピザストーンを置き、190℃に予熱する。熱湯を入れるための空のバットは、平焼きパンが膨らんでも邪魔にならないような段に置く。

2 冷蔵保存していた生地の表面に小麦粉をふり、230g分の生地（オレンジ大）を切り取る。さらに小麦粉をふり、生地を横に90度ずつ回しながら、底を包み込むように表面をそっと引き伸ばして、手早くボール形にする（P90〜91の写真参照）。

3 生地をピザピールの上に置き、厚さ約2.5センチの平らな円形にする。生地をいくつかに切り分け、それぞれをピザピールの上で紙の薄さになるまでのばす。必要に応じて準強力粉を加える。230gの生地から、平焼き

パンが何枚か作れる。

4 オリーブオイルをはけでぬり、粗塩をふる。表面全体をフォークで刺す。そうすることで、水蒸気を逃し、膨らむのを防ぐ。生地を休ませる時間は不要。

5 平焼きパンを熱いピザストーンの上に直接すべらせるように置く。熱湯200mℓをバットに注ぎ、オーブンのドアをすぐに閉める。1分経ったところでふくらみ具合を確認する。大きな泡ができていたら、フォークで刺す。十分キツネ色になって、かりっとするまで、2分から5分焼く。このプロセスをくり返して、ほかの生地も焼く。

6 ケーキクーラーなどの上で冷まし、食べやすい大きさにする。

8

リッチなパンとペイストリー

　　この章では、保存生地から作る、甘くておいしい濃厚(リッチ)なパンやペイストリーを紹介します。リッチな生地を冷凍庫に入れれば、数週間は保存できます。それで朝食用の素晴らしいペイストリーやコーヒータイムのケーキ、休日用のパンや、真夜中に欲しくなるチョコレート入りのパンを、思いついたときに作ればいいのです。そうしたパンの中には、ここまで紹介した通常のパンよりも準備の時間が数分長くかかるものもあります。ただ、どのパンの生地も保存できるので、これまでのペイストリーよりもはるかに短い時間で済むうえに、見事な焼き上がりになります。ぜひ楽しんで作って下さい！

リッチなパンを作るなら、まずこの基本レシピから
ハッラー
challah

　ハッラーは、ユダヤ人家庭で伝統的に、安息日の始まりである金曜の夜に出されるパンです。ハッラーは卵を加えた甘いパンですが、この種のパンは、パンを好む文化の中にいくつかのバリエーションがあります。フランスやイタリアにはブリオッシュ（→P108）があります。ハッラーは、溶かしバターを入れるか、その代わりに植物油を入れるかによって、風味や香りにはっきりとした違いが出ます。バターを入れた生地は冷えると硬くなり、三つ編みに成形しやすくなります。一方、植物油を使ったハッラーは、すこしゆるく、休ませているときに横に広がりやすいのですが、おいしさでは負けません。もし、さらに味の濃い、ぜいたくなハッラーを作りたいなら、ブリオッシュの生地（→P108）を使ってください。信じられないほどリッチなハッラーを味わうことができます。

　わたしたちの方法では、卵の入った生地は、冷蔵庫で5日間保存できます。それ以降は冷凍庫で保存します。

▶ 450gの生地4個分

（2倍や半分の分量でも作れます）

ぬるま湯……410㎖

ドライイースト……大さじ1 1/2

粗塩またはコーシャーソルト……大さじ1 1/2

卵（大）……4個（軽く溶きほぐす）

ハチミツ……120㎖〔固まっていると他の材料と混ざりにくい。分量内のぬるま湯の一部または全部と混ぜておくなどの方法で、あらあかじめ「ゆるい」状態にしておくと、よりスムーズに作業が進む〕

無塩バター……115g（溶かしておく）

（またはキャノーラ油など特別な風味のない植物油）

無塩バター（天板に塗る分）……適量

準強力粉……990g

卵液（溶き卵1個分と水大さじ1）

ケシの実またはゴマ（飾り用）

1 **生地を混ぜ、保存する**：5リットル程度の、ふたがついた（密閉でない）食品用コンテナ（ボウルでも可）を用意し、イースト、粗塩、卵、ハチミツ、溶かしバター（または植物油）をぬるま湯と混ぜる。

2 準強力粉を加え、こねないようにして混ぜる。木べらや、大容量用（小麦粉2kg以上用）のフードプロセッサー（生地用のアタッチメントを使用）、業務用スタンドミキサー（生地用フックを使用）を使う。機械を使わない場合、十分にぬらした手を使ってだまがなくなるまで混ぜてもよい（A〜D）[★1]。

★1 準強力粉を加え……だまがなくなるまで混ぜる：機械を使わず木べらや手を使って混ぜる場合は特に、粉を一度に全部入れるのではなく、まず3分の1〜半分ぐらい入れてホイッパーなどでだまをなくし（写真参照）、その後に残りの粉を入れて徐々に混ぜるようにしたほうが、だまになりにくい。

粉をすべて混ぜ終わるとこのくらいのウェットさになる。この状態になったらこれ以上こねてはいけない（だまがなくなるまで混ぜたら終わりにする）

3 　容器にふたをして（密閉はしない）、室温で約2時間休ませる。その間に、生地は発酵し、その後つぶれてくる（または上が平らになる）。

4 　この一次発酵が完了すれば、すぐに生地を使えるが、冷やしてからの方が扱いやすい。ふたのついた（密閉でない）食品コンテナに入れて冷蔵保存し、5日以内に使う。5日間以上保存する場合は、450gずつ分けて密閉容器に入れ、最大4週間冷凍保存できる。冷凍した生地を使う前には、1晩冷蔵庫に入れて解凍する。解凍後は、通常の発酵時間でよい。

5 　**焼く当日には**、天板に溶かしバター（または植物油）を塗るか、クッキングシート（紙製やシリコン製など）を敷く。冷蔵保存してあった生地の表面に小麦粉をふり、450g分（グレープフルーツ大）切り取る（A）。さらに小麦粉をふり、生地を横に90度ずつ回しながら、底を包み込むように表面をそっと引き伸ばして、手早くボール形にする（B〜F）。

ボール形に成形した生地（裏側）。表側は1つ前の写真のようになめらかで、裏側（底）はこのように伸ばした生地が集まった状態になっているはず。こうなっていればOK

6　ボール形の生地をスケッパーかナイフで3等分する（A）。それぞれを手のひらで（または台の上で）丸めてから（B）、細長いロープ状に成形する（C〜I）。生地が成形しにくければ、5分休ませてからやり直す。

7 ロープ状の生地の中央から一方の端に向かって三つ編みにする（A〜F）。生地を裏返してから、回転させて、中央からもう一方の端に向かって三つ編みにする（G〜N）。こうすると、端から端へと三つ編みにするよりも、生地の厚さや編み目の締まり具合が均一になる。

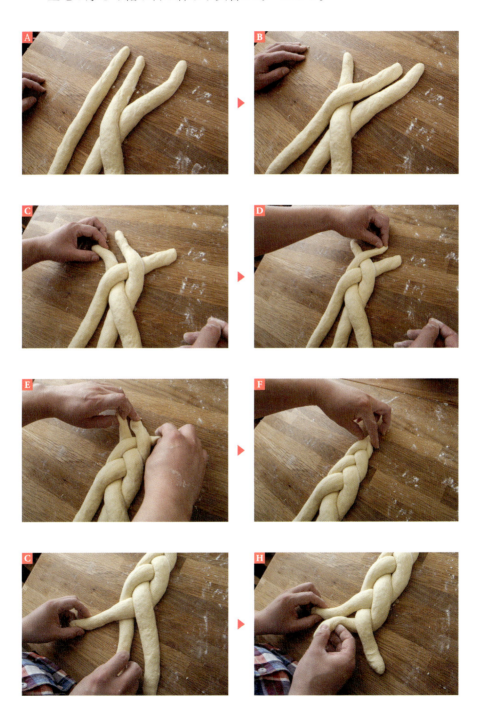

8章　リッチなパンとペイストリー

8 準備した天板の上で、生地を1時間20分休ませ、発酵させる（生地が作りたてで冷蔵していない場合は、40分でよい）。

9 **焼く20分前から、オーブンを175℃に予熱する**。ピザストーンを入れない場合、予熱時間は5分でよい。はけで卵液を塗り、ケシの実かゴマを散らす。

10 オーブンの中段近くで25分焼く。生地のサイズによっては、焼き時間を調整する必要がある。ハッラーは、キツネ色になって、中央付近の編み目に弾力がでればできあがり。生地に脂肪分が含まれているため、ハッラーには、硬くてひび割れのあるクラストはできない。

11 冷ましてから、スライスして、またはそのままで食べる。

日本語版での補足：試作の結果をふまえて

　次ページ右のハッラーは、焼く直前の発酵時間（レシピではステップ8にあたる）を、1時間にして焼いてみたものです。レシピでは1時間20分となっているものを、少し短くして焼いてみました。味は申し分なくおいしかったのですが、ご覧の通り、パンの中央にひびのような割れ目ができてしまっています。

　次ページ左のハッラーは、焼く直前の発酵時間を、レシピとほぼ同じ、1時間30分とって焼いたものです。こちらはよりきれいに焼き上がりました。味ももちろんおいしくできました（オーブンは、いずれも家庭用のガスオーブンを使用）。

　第1巻「ベーシックブレッド編」では、試作の結果をふまえ、「焼く直前の発酵時間をレシピより長めにとったほうがよい」と書きました（第1巻P70「ブール」の項参照）。第1巻は大型の分厚いパンが多かったのでそのような結果になりましたが、この第2巻では、全般的にレシピ通りの発酵時間で問題なくうまく焼き上がるようです。第7章のピザと平焼きパンも、第8章のハッラーをはじめとするリッチなパンも、レシピ通りの時間で問題なさそうです。

　なお、電気オーブンで焼く場合の注意点については、P28「本書について」を参照してください。

祝日に食べる特別リッチなパンの1つ
レーズンが入った
ターバン形のハッラー

turban-shaped challah with raisins

カラー写真→ P16

　レーズンが入ったターバン形のハッラーはユダヤ教の新年に出されるパンです。しかし、フルーツと卵が入った同じようなリッチなパンは、祝日の伝統の一部として、西欧諸国全体に見られます。例えばもっとリッチなイタリアのパネトーネ（→ P123）で、これはクリスマスに出すパンです。

　このレシピでは、保存してあったハッラーの生地を使い、レーズンをその中に巻き込む方法を用いています。このレーズン入りのハッラー用に新たに生地を作る場合には、イーストとぬるま湯を混ぜるときに、0.9カップのレーズンを加えて下さい。

8章　リッチなパンとペイストリー

▶ **ハッラー1個**

使用する冷蔵保存生地：ハッラー（→ P88）またはブリオッシュ（→ P108）

上記の保存生地のいずれか……450g（グレープフルーツ大）（冷凍してあった場合は、冷蔵庫で1晩かけて解凍しておく）
バター（天板に塗る分）……適量
レーズン……40g
卵液（溶き卵1個分と水大さじ1）
ゴマ（仕上げ用）

1　生地を冷凍してあった場合は、1晩かけて冷蔵庫で解凍する。**焼く当日には**、天板に油を塗るか、クッキングシート（紙製やシリコン製など）を敷く。冷蔵保存していた生地の表面に小麦粉をふり、450g分（グレープフルーツ大）切り取る。さらに小麦粉をふり、生地を横に90度ずつ回しながら、底を包み込むように表面をそっと引き伸ばして、手早くボール形にする（P90～91の写真参照）。コーンミールをふったピザピールの上で1時間休ませ、発酵させる。

2　のし棒と必要最小限の打ち粉を使って、生地を厚さ1センチ強に延ばす。レーズンを散らして、生地を円筒形に巻く（A）。

3　生地を手のひらの間で転がして伸ばし、1本の細長いロープ状にする。その際、一方の端が細くなるようにする（A）。生地が成形しにくければ、5分休ませてからやり直す。

4 　ロープ状の生地の太い方の端から渦巻き状に巻いていく（A）。巻き終わったら、細い端を生地の裏側にくっつけて固定する。天板（または天板の上のクッキングシート）の上で、生地を1時間20分休ませ、発酵させる（生地が作りたてで冷蔵していない場合は、40分でよい）。

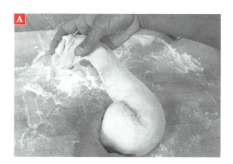

5 　**焼く20分前から、オーブンを175℃に予熱する**。ピザストーンを入れない場合、予熱時間は5分でよい。

6 　生地に卵液をはけで塗り、ゴマを散らしてから（A）、オーブンの中段近くで約25分焼く。キツネ色になって、中央付近の編み目に弾力がでればできあがり。生地に脂肪分が含まれているため、このハッラーには、硬くてひび割れのあるクラストはできない。生地のサイズによっては、焼き時間を調整する必要がある。

8章　リッチなパンとペイストリー

7　冷ましてから、スライスして、またはそのままで食べる。

リッチな平焼きパン。タマネギとケシの実が独自の風味を生む
オニオンプレッツォル

John Barrymore onion pletzel

カラー写真 → P16

「**P**letzel」または「Pletzl」（プレッツォル）は、「板」という意味のイディッシュ語〔ユダヤ人の一部が使用する言葉〕です。この塩味の効いた平焼きパンは、25年くらい前までは、ユダヤ系のベーカリーならどこででも買えました。プレッツォルの風味には、少し甘いリッチな生地にのせて焼いた、タマネギとケシの実が独特に混ざり合っています。ポットローストした肉に添えて出せば、忘れることのできない東欧風のおいしいごちそうになります。プレッツォルは、家庭的なグレイビーソースにつけて食べるのにぴったりです。

ジェフより：理由は今でも分からないのですが、わたしの祖父はこのパンを「ジョン・バリモアのプレッツォル」と呼んでいました。祖父が生きているうちにその理由を聞いておかなかったのが悔やまれます。俳優のジョン・バリモアがプレッツォルはもちろん、何かのパンと関係あるという話は1つもないのです。

またこのパンは、子ども時代の最も鮮明に覚えている味の1つでもあります。最後にこれを食べてから、初めて自分で焼いてみるまで、20年の時がたっていましたが、その風味はまさに記憶の通りでした。

8章　リッチなパンとペイストリー　　*101*

▶ プレッツォル2枚

使用する冷蔵保存生地：ハッラー（→P88）またはブリオッシュ（→P108）

上記の保存生地のいずれか……450g（グレープフルーツ大）（冷凍してあった場合は、冷蔵庫で1晩かけて解凍しておく）
特別な風味のない食用油またはバター……大さじ1 1/2
（型に塗る分）……適量
タマネギ（小）……1個（薄くスライスする）
ケシの実……小さじ2
塩……小さじ1/4

1 **焼く当日には**、天板に油を塗るか、クッキングシート（紙製やシリコン製など）を敷き、横に置いておく。冷蔵保存していた生地の表面に小麦粉をふり、450g分（グレープフルーツ大）切り取る。さらに小麦粉をふり、生地を横に90度ずつ回しながら、底を包み込むように表面をそっと引き伸ばして、手早くボール形にする（P90〜91の写真参照）。

2 ボール形の生地を、のし棒と手を使って、厚さ1センチ強にのばす（A）。用意しておいた天板の上に置く（あるいは、23センチ程度四方のノンスティック加工のパン型に油をひき、その中に生地を押しつけてもよい）。20分休ませ、発酵させる。

3 **焼く20分前から**、オーブンを175℃に予熱する。ピザストーンを入れない場合、予熱時間は5分でよい。

4 予熱している間に、タマネギを油かバターで炒めて、ほんの少しキツネ色にする（A）。炒めすぎると、オーブンで焼くときに焦げてしまうので注意すること。炒めたタマネギをプレッツォルの上に散らし、その上に油かバターを振りかける（プレッツォルに良い焦げ色が付かなくなってしまうの

で、タマネギをのせない部分を残すこと)。タマネギの上にケシの実と塩を散らす(B)。

5 生地を休ませたら、天板をオーブンの中段近くに入れる。15分から20分、生地がキツネ色になり、タマネギが焦げない程度に焼く。
6 冷ましてから、切り分けて出す。

保存生地で手軽に作る、濃厚なデザート
ピーカンナッツ入りキャラメルロール
sticky pecan caramel rolls

カラー写真→P17

　多くの人に愛されるこのパンは、わたしたちが初めて保存生地から作ってみたデザートです。保存してあった生地でデザート？　わたしたちは半信半疑でした。しかし、甘いリッチな生地に、キャラメル、炒ったピーカンナッツ、スパイスを使って試してみると大成功だったので、この本の方向性についてのわたしたちの考え方が変わりました。このレシピをブールの生地でも試してみましたが、うまくいきました。バターと砂糖がフィリングに入っていてケーキ型の底にも塗ってあるので、これが生地の折り目に溶け出して、卵が入った生地を使った場合にかなり近い仕上がりになるのです。

▶ 大きめのキャラメルロールを6〜8個分

使用する冷蔵保存生地：ハッラー（→P88）、ブリオッシュ（→P108）、ブール（→第1巻「ベーシックブレッド編」P66）

上記の保存生地のいずれか……680g（カンタロープメロン大）（冷凍してあった場合は、冷蔵庫で1晩かけて解凍しておく）

キャラメルトッピング

無塩バター……90g（室温で柔らかくしておく）
塩……小さじ 1/2
ブラウンシュガー……0.6 カップ
ピーカンナッツハーフ……30 粒

フィリング
有塩バター……60g（室温で柔らかくしておく）
砂糖……大さじ 4
シナモン（粉）……小さじ 1
ナツメグ（すりおろしたばかりのもの）……小さじ 1/4
ピーカンナッツ（刻んで炒ったもの）……0.6 カップ
ブラックペッパー（粉）……ひとつまみ

1　**焼く当日に**、トッピング用の無塩バター、塩、ブラウンシュガーを混ぜ合わせてクリーム状にする。直径 23 センチ程度のケーキ型 [★1] の底に均等に広げる(A〜B)。その上にトッピング用のピーカンナッツを散らして、横に置いておく（C〜D）。

★1　直径 23 センチ程度のケーキ型：より小さなケーキ型しかない場合は、材料の分量を型の大きさに合わせて減らす。

2　冷蔵保存していた生地の表面に小麦粉をふり、680g分（カンタロープメロン大）切り取る。さらに小麦粉をふり、生地を横に90度ずつ回しながら、底を包み込むように表面をそっと引き伸ばして、手早くボール形にする（P90〜91の写真参照）。

3　のし棒を使って、生地を厚さ3〜4ミリの長方形にのばす。作業台にくっつかないように打ち粉を使って良いが、使いすぎると生地が乾燥するので注意すること。

4　フィリング用の有塩バター、砂糖、スパイス類を混ぜ合わせ、クリーム状にする。それを伸ばした生地の上に均等に広げて、刻んだピーカンナッツを散らす。生地の長辺から巻いていって、円筒形にする（A〜C）。次のステップで生地が柔らかすぎて切れない場合は、冷蔵庫で20分冷やして硬くする。

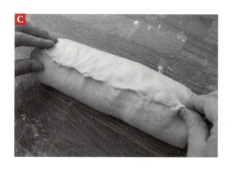

5　ナイフまたは切れ味が良い刃が波形のパン用ナイフを使って、円筒形の生地を8等分し（A〜B）、ケーキ型の底に散らしたピーカンナッツの上に、「渦巻き」の面が上を向くように並べる（C）。ラップをゆったりとかぶせて、1時間休ませ、発酵させる（生地が作りたてで冷蔵していない場合は、40分でよい）。

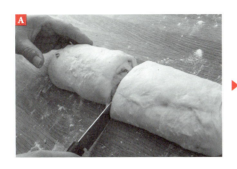

6 　焼く 20 分前から、オーブンを 175℃に予熱する。ピザストーンを入れない場合、予熱時間は 5 分でよい。

7 　ケーキ型に入れた生地を天板の上に置く（ピザストーンを使うなら、天板上のピザストーンの上に置く）。キツネ色になって、中央部分がしっかりとするまで、約 40 分焼く。熱いうちに、ケーキ型の内側に沿ってナイフを動かして、キャラメルロールを型から外し、すぐに皿の上にひっくり返す。ここで手間取ると、ケーキ型にくっついてしまって、取り出すのが難しくなる。

朝食にもティータイムにも。色んな場面で楽しめる
ブリオッシュ

brioche

長方体形タイプ

悲運の主人公マリー・アントワネットの「qu'ils mangent de la brioche」という言葉はよく引用されていますが、これは「(パンがなければ)ブリオッシュ(brioche)を食べさせればいい」という意味で、「ケーキ(gateau)を食べさせればいい」ではありません。この言葉をかつての王妃の無神経な発言だと考える人もいますが、ともかく、マリー・アントワネットたちが考えていたのは、ケーキではなく、ブリオッシュだったのです。

ブリオッシュは、王妃ならずとも誰もが食べるべき、素晴らしいパンです。紅茶に添える甘いパンとしても、朝食のペイストリーとしても楽しめます。ブリオッシュはバター(新鮮な無塩バターだけを使い、オイルは使わないように)、卵がたっぷり、そしてハチミツが少し入っています。シンプルなパン型で焼いてもいいですし、ブリオッシュ・ア・テット(→P110)にしてもよいです。またこのパンは、110ページ以降のいろいろなペイストリーのレシピを思いつくきっかけになっています。

▶ 450gの生地4個分

(2倍や半分の分量でも作れます)

ぬるま湯……360㎖

ドライイースト……大さじ1 1/2

粗塩またはコーシャーソルト……大さじ1 1/2

卵……8個(軽く溶きほぐす)

ハチミツ……120㎖〔固まっていると他の材料と混ざりにくいので、分量内のぬるま湯の一部または全部と混ぜておくなどの方法で、あらかじめ「ゆるい」状態にしておくとよい〕

無塩バター……340g(溶かしておく)

無塩バター(型に塗る分)……適量

準強力粉……1065g

卵液（溶き卵1個分と水大さじ1）

1. **生地を混ぜ、保存する**：5リットル程度の、ふたがついた（密閉でない）食品用コンテナ（ボウルでも可）を用意し、イースト、粗塩、卵、ハチミツ、溶かしバターをぬるま湯と混ぜる。
2. 準強力粉を加え、こねないようにして混ぜる。木べらや、大容量用（小麦粉2kg以上用）のフードプロセッサー（生地用のアタッチメントを使用）、業務用スタンドミキサー（生地用フックを使用）を使う。機械を使わない場合、十分にぬらした手を使ってだまがなくなるまで混ぜてもよい。生地はゆるいが、冷やすと硬くなる。冷やさずに使わないこと。（生地の中に塊があっても、焼き上がりには影響しない）
3. 容器にふたをして（密閉はしない）、室温で約2時間休ませる。その間に、生地は発酵し、その後つぶれてくる（または上が平らになる）。
4. 一次発酵が完了し、生地が冷えればすぐに使うことができる。ふたのついた（密閉でない）食品コンテナに入れて冷蔵保存し、5日以内に使う。5日間以上保存する場合は、450gずつ分けて密閉容器に入れ、最大4週間冷凍保存できる。冷凍した生地を使う場合は、24時間前から冷蔵庫に入れて解凍する。解凍後は、通常の発酵時間でよい。
5. 生地が冷凍してあった場合は、冷蔵庫で1晩かけて解凍しておく。**焼く当日には**、23×10×7.5センチ程度のノンスティック加工のパン型に油を塗る。冷蔵保存していた生地の表面に小麦粉をふり、450g分（グレープフルーツ大）切り取る。さらに小麦粉をふり、生地を横に90度ずつ回しながら、底を包み込むように表面をそっと引き伸ばして、手早くボール形にする（P90～91の写真参照）。
6. ボール形の生地を楕円形にして、油を塗ったパン型に入れる。1時間20分休ませる。
7. **焼く20分前から、オーブンを175℃に予熱する**。ピザストーンを入れない場合、予熱時間は5分でよい。
8. 料理用はけを使って、生地に卵液を塗る。
9. パン型に入れた生地を天板の上に置く（ピザストーンを使うなら、天板上のピザストーンの上に置く）。オーブンの中段近くで35分から40分、中程度のキツネ色になるまで焼く。ブリオッシュは生地に脂肪分が含まれているため、硬くてひび割れのあるクラストはできない。
10. 冷ましてから、スライスして、またはそのままで食べる。

テット（頭）付きブリオッシュも、保存生地で手軽に作れる
ブリオッシュ・ア・テット
brioche á tête

カラー写真→P18

ブリオッシュ・ア・テットは、フランスの非常に伝統的なパンで、美しいひだのついた型を使い、てっぺんにもう1つ小さな丸い生地をのせて焼くのが特徴です（この形から「tête」（「頭」の意味）と呼ばれます）。お客さんにこのパンを出したら、かなり手間をかけて作ったと思ってもらえるでしょうね。この形は、パリスタイルのベーカリーなどでは普通に売っていますが、ほかではあまり見かけません。

▶ 1個分

ブリオッシュ生地（→P108）……450g（グレープフルーツ大）
　（冷凍してあった場合は、冷蔵庫で1晩かけて解凍しておく）
バター（天板に塗る分）……適量
卵液（溶き卵1個分と水大さじ1）

1 ブリオッシュ型に、少量の油かバターを塗る。

2 冷蔵保存していた生地の表面に小麦粉をふり、450g分（グレープフルーツ大）切り取る。tête（頭）の部分用に、この生地から8分の1を切り取って、別に取っておく。大きな生地の方にさらに小麦粉をふり、生地を横に90度ずつ回しながら、底を包み込むように表面をそっと引き伸ばして、手早くボール形にする（P90～91の写真参照）。

3 大きい方のボール形の生地を、とじ目が下になるように、油を塗ったブリオッシュ型に入れる。生地はブリオッシュ型の半分くらいまで入るはずだ。ボール形の生地のてっぺんに、かなり深めのへこみを入れる（A）。このへこみに「tête（頭）」の部分をくっつけることになる。

4 小さい方の生地の片方の端を丸く、反対側を先細りにして、涙形になるよう手早く成形する（A～B）。この涙形の生地のとがった側を下にして、パン型の生地のくぼみに置く。焼いている途中に頭の部分が取れないように、2つの生地を指先でそっと、しかししっかりとくっつける（C）。

5 生地を室温で1時間20分休ませる。

6 **焼く20分前から、オーブンを175℃に予熱する**。ピザストーンを入れない場合、予熱時間は5分でよい。

7 料理用はけで生地に卵液を塗る（A）。型に入った生地を天板の上に置く（ピザストーンを使うなら、天板上のピザストーンの上に置く）。オーブンの中段近くで約40分間、キツネ色になるまで焼く（B）。ブリオッシュ型の大きさによって、生地の量と焼き時間は変わってくる。

8 ブリオッシュ型から出して、ケーキクーラーの上などで冷ませば、クラストが湿っぽくならない。

アーモンドクリームが入ったブリオッシュ。オレンジ風味
ボストック

almond brioche "bostock"

カラーイラスト→ P19

　わたしたちがボストックを好きなのは、バターの入ったブリオッシュ、アーモンドクリーム、そしてすり下ろしたオレンジの皮の風味が染み込んだ砂糖を一度に味わえるからです。伝統的な作り方では、ブリオッシュを焼いて、スライスし、それにアーモンドクリームを塗ってもう一度焼きます。でもそれでは、私たちの「1日5分」の料理本には作業が多すぎます。余計な手間をかけずにパンの風味を味わいたかったので、フィリングを生地の中に混ぜ込んで、焼くのは1回だけにしました。とても素晴らしいパンになりました。

▶ 1個分

ブリオッシュ生地（→ P108）……680g（カンタロープメロン大）
　（冷凍してあった場合は、冷蔵庫で1晩かけて解凍しておく）
無塩バター……60g（室温で柔らかくしておく）
無塩バター（型に塗る分）……適量
アーモンドペースト……0.6カップ

準強力粉……35g　　卵……1個
オレンジフラワーウォーター……小さじ 1/4（お好みで）
アーモンドエクストラクト……小さじ 1/4
砂糖……大さじ 4　　砂糖（型にふる分）……適量
オレンジの皮のすり下ろし……1/2 個分
スライスアーモンド（生、無塩）……0.6 カップ

1　**アーモンドクリームを作る**：無塩バター、アーモンドペースト、準強力粉、卵、オレンジフラワーウォーター、アーモンドエクストラクトをフードプロセッサーに入れ、滑らかなクリーム状になるまでよく混ぜる。出来上がったら、脇に置いておく。

2　**ブリオッシュを作る**：冷蔵保存していた生地の表面に小麦粉をふり、680g 分（カンタロープメロン大）を切り取る。さらに小麦粉をふり、生地を横に 90 度ずつ回しながら、底を包み込むように表面をそっと引き伸ばして、手早くボール形にする（P90～91 の写真参照）。

3　のし棒を使って、ボール形の生地を厚さ 5 ミリ強の長方形にのばす。生地が作業台にくっつかないように打ち粉をしながらのばすが、打ち粉が多すぎると生地が乾燥するので気をつける。

4　アーモンドクリームを、長方形の生地の上に均等に広げる。生地の端から 2.5 センチほどは、クリームを付けないでおく。生地の長い端から、ロールケーキのように丸めていき、クリームが付いていない端の部分をきちんととじる（P106 の写真参照）。この生地はとても柔らかいので、ステップ 6 で切る前に、冷凍庫で約 15 分冷やす。

5　直径 20 センチ程度の丸いケーキ型に、バターをたっぷりと塗る。その型にグラニュー糖をふりかける。

6　冷やした生地を 8 等分する。渦巻き模様のある切り口が上を向くように、ケーキ型に平らに並べる（P107 の写真参照）。生地を 1 時間休ませる。

7　**焼く 20 分前から、オーブンを 175℃に予熱する**。ピザストーンを入れない場合、予熱時間は 5 分でよい。

8　焼く直前に、砂糖、すり下ろしたオレンジの皮、スライスアーモンドを混ぜ、生地の上にふる。キツネ色になって、中央部分がしっかりするまで、スチームを入れずに約 40 分焼く。

9　まだ熱いうちに、ケーキ型の内側に沿ってナイフを動かしてボストックを型から外し、すぐに皿の上にひっくり返す。ここで手間取ると、ケーキ型にくっついて、取り出すのが難しくなる。温かいうちに食べる。

パリのお菓子専門店の味を、自宅のキッチンで再現

チョコレートガナッシュ入りのブリオッシュ

brioche filled with chocolate ganache

長方体形タイプ

自宅のキッチンで、パリのパティスリー（pâtisserie）の香りに一番近づけるのがこのパン。手に入る中で一番いいチョコレートを使うと、仕上がりに違いが出てきます。焼き上がると、チョコレートガナッシュがとろけて出てきて、素晴らしい、素朴な感じのパンになります。

▶ 1個分

ブリオッシュ生地（→ P108）……450g（グレープフルーツ大）
（冷凍してあった場合は、冷蔵庫で1晩かけて解凍しておく）
ビタースイートチョコレート（ヴァローナ（Valrhona）か同等のもの。第1巻「ベーシックブレッド編」P46参照）……110g（細かく刻んでおく）
無塩バター……30g
無塩バター（型に塗る分）……適量
ココアパウダー（無糖）……小さじ4
ラム酒……大さじ1
コーンシロップ……大さじ5
卵白……1個分（水を大さじ1加えて、軽く泡立てる）
グラニュー糖（仕上げ用）

1　**ガナッシュを作る**：チョコレートを湯せん、また電子レンジの弱で、なめらかになるまで溶かす。湯せんから下ろしてから、無塩バターを加えて混ぜ合わせる。

2　ラム酒にココアパウダーを混ぜながら入れ、コーンシロップを加えて、滑

らかになるまで混ぜる。これをチョコレートに加える。

3 **ブリオッシュを作る**：25×10×7.5センチ程度のノンスティック加工のパン型に軽くバターを塗る。冷蔵保存していた生地の表面に小麦粉をふり、450g分（グレープフルーツ大）切り取る。さらに小麦粉をふり、生地を横に90度ずつ回しながら、底を包み込むように表面をそっと引き伸ばして、手早くボール形にする（P90～91の写真参照）。ボール形の生地をのし棒でのばし（必要に応じて打ち粉をする）、厚さ5ミリ強の長方形にする。

4 ガナッシュの2/3を、長方形の生地に均一に広げる。端から2.5センチほどはガナッシュを塗らずに残しておく。長方形の短い辺から生地を巻く。ガナッシュの付いていない端がきちんと閉じるようにする。

5 巻き終わった生地の両端を下側にそっとたくし込み、楕円形の生地にして、バターを塗ったパン型に入れる。

6 生地を1時間40分休ませる。

7 **焼く20分前から、オーブンを175℃に予熱する**。ピザストーンを入れない場合、予熱時間は5分でよい。料理用はけを使って、生地に卵白を塗る。グラニュー糖を軽くふる。

8 パン型に入れた生地を天板の上に置く（ピザストーンを使うなら、天板上のピザストーンの上に置く）。約45分間、上の部分がキツネ色になり、グラニュー糖がカラメル状になるまで焼く。生地にバターが入っているので、このブリオッシュは硬い、ひび割れのあるクラストにはならない。

9 ブリオッシュをパン型から出して、少し冷ます。残りのガナッシュ（最初に作った分量の1/3）を上にかける。完全に冷めてからスライスする。

米国ニューオリンズ名物。保存生地で手軽に
ベニエ
beignets

カラーイラスト→ P19

「ベニエ（Beignet）」は、「揚げ物（フリッター）」を意味するフランス語で、アメリカ人の好きな呼び方をすれば、「ドーナッツ」ということになります。ベニエは、イーストを使ったリッチな生地を油で揚げて、粉砂糖をたっぷりとふってあります。これを好きにならないわけがありません。ニューオリンズ〔米国南部ルイジアナ州最大の都市〕に本店がある「カフェ・デュ・モンド」（Cafe Du Monde）の人気メニューとして有名になったこの甘いベニエを、わたしたちのシンプルなレシピで作ってみました。

ゾーイより：わたしと夫は、週末にニューオリンズで食事をして、ジャズを聴こうと出かけていったことがあります。この街でわたしたちが最初に訪れたのがカフェ・デュ・モンドでした。ふんわりしたベニエを2人分と、たくさんのカフェオレを楽しんで、粉砂糖だらけになってから、ではジャズを聴きに行こう、ということになったのです。滞在中には、少なくとも1日1回は、カフェ・デュ・モンドについつい行ってしまいました。ありがたいことに、そのお店はハリケーン・カトリーナの被害はほとんど受けなかったので、また行ってみるつもりです。

▶ ベニエ5、6個分

使用する冷蔵保存生地：ハッラー（→ P88）またはブリオッシュ（→ P108）

上記の保存生地のいずれか……450g（グレープフルーツ大）（冷凍してあった場合は、冷蔵庫で1晩かけて解凍しておく）
植物油（揚げ物用）
粉砂糖

揚げ物用の道具
天ぷら鍋または電気フライヤー（電気天ぷら鍋）
穴あきスプーン（穴じゃくし）
ペーパータオル
揚げ物用温度計

1　冷蔵保存していた生地の表面に小麦粉をふり、450g分（グレープフルーツ大）切り取る。さらに小麦粉をふり、生地を横に90度ずつ回しながら、底を包み込むように表面をそっと引き伸ばして、手早くボール形にする（P90～91の写真参照）。

2　軽く打ち粉した台の上で、生地をのばして厚さ1センチ強の長方形にする。ピザカッターかナイフを使って、生地を5センチ四方の正方形に切り分ける。生地を15分から20分休ませる。

3　その間に、天ぷら鍋（または電気フライヤー）に植物油を少なくとも深さ8センチ入れる。揚げ物用温度計で確かめながら、油を180度から190度に加熱する。

4　熱した油にベニエをそっと入れる。すべてが表面に浮かぶように、1回に入れる個数は2、3個にする。一度にたくさん入れると、うまくふくらまない。

5 　2 分間揚げてから、玉じゃくしでそっと裏返す（A）。さらに 1 分、両面がキツネ色になるまで揚げる。

6 　玉じゃくしを使ってベニエを取りだし、ペーパータオルの上に置いて油を切る。

7 　残りの生地もすべて同じように揚げる。

8 　粉砂糖をたっぷりふりかけ、いれたてのカフェオレと一緒に食べる。

甘いフィリングを入れてさらにぜいたくに

チョコレートや
ジャムの入ったベニエ

chocolate-or jam-filled beignets

カラーイラスト→ P19

　　つうのベニエをもしかしたらもっとぜいたくにできるのではと思って、ベニエにチョコレートやジャムを入れてみました。とても簡単に作れて、食べると誰もがちょっと幸せな気持ちになります。

▶ ベニエ5、6個分

使用する冷蔵保存生地：ハッラー（→ P88）またはブリオッシュ（→ P108）

上記の保存生地のいずれか……450g（グレープフルーツ大）（冷凍してあった場合は、冷蔵庫で1晩かけて解凍しておく）
植物油（揚げ物用）
セミスイートチョコレート……115g（15gずつに切り分ける）
またはお好みのジャム……大さじ4
粉砂糖

揚げ物用の道具

天ぷら鍋または電気フライヤー（電気天ぷら鍋）

穴あきスプーン（穴じゃくし）

ペーパータオル

揚げ物用温度計

1　冷蔵保存していた生地の表面に小麦粉をふり、450g 分（グレープフルーツ大）切り取る。さらに小麦粉をふり、生地を横に 90 度ずつ回しながら、底を包み込むように表面をそっと引き伸ばして、手早くボール形にする（P90〜91 の写真参照）。

2　軽く打ち粉した台の上で、生地をのばして厚さ 5 ミリ強の長方形にする。ピザカッターかナイフを使って、生地を 5 センチ四方の正方形に切り分け、15 グラムのチョコレートか、小さじ 1 のジャムを中央にのせる。チョコレートまたはジャムの方に生地の端を寄せてきて、中央でつまんでとじる（A）。生地の端をうまくとじられない場合は、少量の水をつけて、くっつくようにする。

3　ベニエ生地を 15 分から 20 分休ませる。その間に、揚げ物用温度計で確かめながら、油を 180 度から 190 度に加熱する。

4　熱した油にベニエをそっと入れる。すべてが表面に浮かぶように、1 回に入れる個数は 2、3 個にする。一度にたくさん入れると、うまくふくらまない。

5　2 分間揚げてから、玉じゃくしでそっと裏返す（A）。さらに 1 分、両面がキツネ色になるまで揚げる。

6 　玉じゃくしを使ってベニエを取りだし、ペーパータオルの上に置いて油を切る。残りの生地もすべて同じように揚げる。
7 　粉砂糖をたっぷりふりかけ、いれたてのカフェオレと一緒に食べる。

伝統的なイタリアのパンを「1日5分」で
パネトーネ
panettone

カラー写真→ P20

パネトーネは、伝統的なイタリアのクリスマスのパンで、その季節になるとイタリア中で売られるようになります。起源は15世紀頃のミラノとされており、このパンにまつわる言い伝えはたくさんあります。この宝石をちりばめたようなパンの誕生について、最もよく言われるのが、こんな話です。ある若い貴族の男が、トーニという名の、パン屋の娘と恋に落ちます。その男は見習いケーキ職人に変装して、トーニに贈るために、フルーツをちりばめた高さのあるパンを作り出して、「Pan de Toni（パン・デ・トーニ、トーニのパン）」と名付けました。このパンはトーニのパン屋で大好評になり、父親はふたりの結婚を祝福しました。

　このお話は、内容豊かで空想的なところが、ドライフルーツと、レモンとバニラのエッセンスを加えたこのパンによく似ています。伝統的なパネトーネ型は非常に高さがあり、側面はひだが付いたものと、そうでないものがあります。パネトーネ型は、料理用品店やオンラインショップで手に入ります。ブリオッシュ型も使えますが、伝統的な高さのあるパネトーネにはなりませ

ん。紙製のパネトーネ型も、製菓・製パン材料の店で買えます。

▶ 680gの生地3個分

（2倍や半分の分量でも作れます）
ぬるま湯……360㎖
ドライイースト……大さじ1 1/2
粗塩またはコーシャーソルト……大さじ1 1/2
ハチミツ……120㎖〔固まっていると他の材料と混ざりにくいので、分量内のぬるま湯の一部または全部と混ぜておくなどの方法で、あらかじめ「ゆるい」状態にしておくとよい〕
卵……8個（軽く溶きほぐす）
無塩バター……225g（溶かしておく）、
無塩バター（型に塗る分）……適量
レモンエキストラクト……小さじ1
バニラエキストラクト……小さじ2
すり下ろしたレモンの皮……小さじ2
準強力粉……1065g
ドライフルーツまたはフルーツの砂糖漬けのミックス　340g（刻んでおく）
（わたしたちが試してみて気に入ったのは、ゴールデンレーズン、ドライパイナップル、ドライアプリコット、ドライチェリー、かんきつ類の砂糖漬け、など）
卵液（溶き卵1個分と水大さじ1）

1　**生地を混ぜ、保存する**：5リットル程度の、ふたがついた（密閉でない）食品用コンテナ（ボウルでも可）を用意し、イースト、粗塩、ハチミツ、卵、溶かしバター、レモンエキストラクト、バニラエキストラクト、すり下ろしたレモンの皮をぬるま湯と混ぜる。
2　準強力粉を加え、こねないようにして混ぜる。木べらや、大容量用（小麦粉2kg以上用）のフードプロセッサー（生地用のアタッチメントを使用）、業務用スタンドミキサー（生地用フックを使用）を使う。機械を使わない場合、十分にぬらした手を使ってだまがなくなるまで混ぜてもよい。生地はゆるいが、冷やすと硬くなる。冷やす前に使わないこと。
3　容器にふたをして（密閉はしない）、室温で約2時間休ませる。その間に、生地は発酵し、その後つぶれてくる（または上が平らになる）。
4　この一次発酵が完了して、冷蔵庫で冷やせば、いつでも生地を使える。あるいは、後で使うために冷凍する。ふたのついた（密閉でない）食品コンテナに入れて冷蔵保存し、5日以内に使う。それ以上保存する場合は、

450gずつ分けて密閉容器に入れ、最大4週間冷凍保存できる。冷凍した生地を使う場合は、24時間冷蔵庫に入れて解凍する。解凍後は、通常の発酵時間でよい。

5 **焼く当日は**、パネトーネ型かブリオッシュ型に、少量のバターを塗っておく。

6 冷蔵保存していた生地の表面に小麦粉をふり、680g分（カンタロープメロン大）切り取る。さらに小麦粉をふり、生地を横に90度ずつ回しながら、底を包み込むように表面をそっと引き伸ばして、手早くボール形にする（P90〜91の写真参照）。ボール形の生地を、とじ口が下になるように、型に入れる（A）。

7 油を塗ったラップを生地にゆったりとかけて、室温で1時間40分休ませる。

8 **焼く20分前から、オーブンを175℃に予熱する**。パン型で焼く場合、ピザストーンは必須ではない。その場合、予熱時間は5分でよい。

9 パネトーネのラップを取って、卵液をはけで塗る（A）。パン型に入れた生地を天板の上に置く（ピザストーンを使うなら、天板上のピザストーンの上に置く）。オーブンの中段近くで、スチームを使わずに50〜55分焼く。キツネ色になって、たたくと空洞のあるような音がしてくれば焼き上がり（B）。生地の量や焼き時間は、型のサイズによって変わってくる。

10 冷ましてから、スライスして（A）、またはそのままで食べる。

応用範囲の広い、最も一般的な食パン

アメリカスタイルの柔らかい食パン

soft American-style white bread

長方体形タイプ

本当にパンが好きな人々は、アメリカで市販されているアメリカンスタイルのスライスした食パンにあまり満足していません。アメリカで市販されている食パンはたいてい、ビニールで包まれており、保存料が入っていることが多いので長期間保存できるような商品ばかりです。

しかし、食パンはそんなものばかりではありません。このレシピ通りに作れば、ずっとおいしい食パンが作れます。第5章で紹介した、「皮が堅めの食パン」（→第1巻 P93）で十分という人が多いと思いますが、子どものなかには、皮が柔らかいほうが好きな子もいます。子どもたちが欲しがっているものの正体は、ショートニング。これが入っているおかげで、アメリカで市販されているたいていの食パンの皮は、ずっと柔らかいままなのです。わたしたちのレシピでは、ごく普通のバターを使うようにしました。そのほかに、柔らかさを出すために、砂糖を少し入れています。このパンを使って、フランス風ハムとチーズのグリルサンドイッチ「クロックムッシュ」（→P129）を作ってみましょう。

▶ 680gの生地3個分

（2倍や半分の分量でも作れます）

ぬるま湯……710ml

ドライイースト……大さじ1 1/2

粗塩またはコーシャーソルト……大さじ1 1/2

砂糖……大さじ2

無塩バター……115g（溶かしておく）

無塩バター（仕上げ用）……適量

準強力粉……990g
食用油（特別な風味のないもの）、または室温で柔らかくしたバター（パン型用）……適量

1. **生地を混ぜ、保存する**：5リットル程度の、ふたがついた（密閉でない）食品用コンテナ（ボウルでも可）を用意し、イースト、粗塩、砂糖、溶かしバターをぬるま湯と混ぜる。
2. 準強力粉を加え、こねないようにして混ぜる。木べらや、大容量用（小麦粉2kg以上用）のフードプロセッサー（生地用のアタッチメントを使用）、業務用スタンドミキサー（生地用フックを使用）を使う。機械を使わない場合、十分にぬらした手を使ってだまがなくなるまで混ぜてもよい。
3. 容器にふたをして（密閉はしない）、室温で約2時間休ませる。その間に、生地は発酵し、その後つぶれてくる（または上が平らになる）。
4. 一次発酵が完了すれば、パン型の中で40分間休ませるだけですぐに生地を使えるが、冷やしてからの方が扱いやすい。ふたのついた（密閉でない）食品コンテナに入れて冷蔵保存し、7日以内に使う。
5. **焼く当日には**23×10×7.5センチ程度のノンスティック加工のパン型に軽くバターを塗っておく。冷蔵保存していた生地の表面に小麦粉をふり、450g分（グレープフルーツ大）切り取る。さらに小麦粉をふり、生地を横に90度ずつ回しながら、底を包み込むように表面をそっと引き伸ばして、手早くボール形にする（P90～91の写真参照）。さらにこれを楕円形にする。
6. バターを塗ったパン型の中に生地を入れる。生地は、パン型の半分より少し上まで入る。
7. 生地を1時間40分休ませ、発酵させる（生地が作りたてで冷蔵していない場合は、40分でよい）。生地に小麦粉をふり、鋭いナイフの先を使って切れ目を入れる。溶かしたバターを生地にはけで塗る。
8. **焼く20分前から、オーブンを175℃に予熱する**。ピザストーンを入れない場合、予熱時間は5分でよい。パン型を使って焼く場合、ピザストーンは必須ではない。
9. パン型に入れた生地を天板の上に置く（ピザストーンを使うなら、天板上のピザストーンの上に置く）。オーブンの中段付近で約45分、キツネ色になるまで焼く。
10. 完全に冷めてからスライスする。冷めてからでないと、サンドイッチ用の厚さにスライスするのはかなり難しい。

一口食べれば、気分はもうパリの街角
クロックムッシュ

croque monsieur

カラーイラスト→ P20

　このボリュームのある、シンプルなサンドイッチは、パリの街角でおなじみのものです。焼きたての食パンに、ディジョンマヨネーズをたっぷり塗って、グリュイエールチーズ（Gruyére）とハムを挟み、バターで焼きます。軽めの赤ワインとサラダと一緒に食べれば、ちょっとした天国気分です。

▶ サンドイッチ 1 個分

マヨネーズ……大さじ 1 1/2
ディジョンマスタード（粒の入ったもの）……小さじ 2
食パン（→ P127）……2 枚
バター……小さじ 1（必要に応じて追加）
グリュイエールチーズ……40g
スライスハム……60g

1　マヨネーズとディジョンマスタードを混ぜ合わせておく。
2　食パンの片面にバターを塗り、もう一方の面に 1 のマスタードとマヨネーズを混ぜたものを塗る。フライパンの上に、バターが付いた面を下にして、食パン 1 枚を置く。

3 チーズ半分をのせ、次にハムをのせる。最後にチーズの残り半分をのせてから、その上にもう1枚のパンをのせる。
4 フライパンを中弱火にかけ、ゆっくりと片面につき約4分ずつ、キツネ色になって、かりっとするまで焼く。必要に応じて、フライパンにバターを追加する。

サンドイッチ用に最適。ブール生地の代用としても使える
バターミルクブレッド
buttermilk bread

長方体形タイプ

アメリカやイギリスの伝統的なパンの多くでは、バターミルク[★1]が使われています。バターミルクを入れると、パンは柔らかくなり、ふっくらとしたクラストやクラムに焼き上がります。また風味もとてもよくなります。サンドイッチ用のパンとしても最適ですし、「シナモンレーズンブレッド」(→P133)に使うととてもおいしくできます。ブール生地を使うレシピで、この生地を代わりに使うこともできます。その場合は、オーブン温度を195度に下げます。

▶ **680gの生地3個分**

(2倍や半分の分量でも作れます)

ぬるま湯……470㎖

バターミルク……240㎖

ドライイースト……大さじ1 1/2

粗塩またはコーシャーソルト……大さじ1 1/2

砂糖……大さじ1 1/2

準強力粉……920g

バターまたは食用油(特別な風味のないもの、パン型用)……適量

1 **生地を混ぜ、保存する**:5リットル程度の、ふたがついた(密閉でない)食品用コンテナ(ボウルでも可)を用意し、イースト、粗塩、砂糖をぬるま湯と混ぜる。

2 準強力粉を加え、こねないようにして混ぜる。木べらや、大容量用(小

★1 バターミルク:日本でも販売されている。ただしこのレシピで想定されているアメリカのバターミルクは発酵タイプだが、日本で流通しているバターミルクは非発酵タイプで、多少違いがある。日本の非発酵バターミルクを使用する場合、プレーンヨーグルトと併用することで、アメリカの発酵バターミルクに近い風味になるとされる。

麦粉 2kg 以上用）のフードプロセッサー（生地用のアタッチメントを使用）、業務用スタンドミキサー（生地用フックを使用）を使う。機械を使わない場合、十分にぬらした手を使ってだまがなくなるまで混ぜてもよい。

3 容器にふたをして（密閉はしない）、室温で約 2 時間休ませる。その間に、生地は発酵し、その後つぶれてくる（または上が平らになる）。

4 この一次発酵が完了すれば、すぐに生地を使えるが、冷やしてからの方が扱いやすい。ふたのついた（密閉でない）食品コンテナに入れて冷蔵保存し、7 日以内に使う。

5 **焼く当日には**、23 × 10 × 7.5 センチ程度のノンスティック加工のパン型に軽くバターを塗っておく。冷蔵保存していた生地の表面に小麦粉をふり、680g 分（カンタロープメロン大）を切り取る。さらに小麦粉をふり、生地を横に 90 度ずつ回しながら、底を包み込むように表面をそっと引き伸ばして、手早くボール形にする（P90〜91 の写真参照）。さらにその生地を楕円形にする。

6 バターを塗った型に生地を入れる。生地は、パン型の半分より少し上くらいまでくる。

7 生地を 1 時間 40 分休ませる（生地が作りたてで冷蔵していない場合は、40 分でよい）。生地に小麦粉をふり、鋭いナイフの先を使って切れ目を入れる。溶かしたバターをはけで塗る。

8 **焼く 20 分前から、オーブンを 175℃に予熱する**。ピザストーンを入れない場合、予熱時間は 5 分でよい。パン型を使う場合、ピザストーンは必須ではない。

9 オーブンの中段近くで約 45 分、キツネ色になるまで焼く。

10 パン型に入れた生地を天板の上に置く（ピザストーンを使うなら、天板上のピザストーンの上に置く）。パン型から取り出す。完全に冷めてからスライスする。冷めてからでないと、サンドイッチ用の厚さにスライスするのはかなり難しい。

某成功企業のCEO・ジュディ特製
シナモンレーズンブレッド
Judy's board of director's cinnamon-raisin bread

カラー写真→P23

　ジェフより：友人のジュディは、ある成功を収めている企業のCEOで、重役用会議室にパンを持ち込むのが好きでたまりません。ある緊迫した重役会議の席で、懐疑的な態度の重役たちを説得するためにジュディが使ったのは、パンを作るという簡単な魔法でした。ジュディは会議室のテーブルの上に、パン生地を打ちつけました。

　そしてジュディは重役たちにこう言ったのです。「会社を成長させることは、パンを焼くのに似ています。我慢強く、生地が発酵するのを待たなければならないことがあるのです。急がせることはできません。物事は自然に、自力で進む必要があるのです」

　ジュディは生地をこねて、パンを成形しました。できたのは、シナモンレーズンブレッドでした！　このパンのおかげで、重役たちはジュディの会社の次期計画を承諾してくれました。ジュディはそれ以来、このパンにバターとジャムを添えたものを、難しい会議でも、そうでない会議でも、いつでも会議室に出すようにしています。

8章　リッチなパンとペイストリー　133

ここではジュディのレシピをアレンジして、短時間で作れるわたしたちの方法に変えています。ほかのレシピと同じで、こねる必要はありません（会社の重役たちを黙らせようというなら別ですが）。

▶ 680gの生地3個分

（2倍や半分の分量でも作れます）
バターミルクブレッドの生地（→P131）……680g（カンタロープメロン大）
バターまたは食用油（特別な風味のないもの、パン型用）……適量
シナモン（粉）……小さじ1 1/2
砂糖……70g
レーズン……130g
卵液（溶き卵1個分と水大さじ1）

1　23×10×7.5センチ程度のノンスティック加工のパン型に軽くバターを塗っておく。冷蔵保存していた生地の表面に小麦粉をふり、680g分（カンタロープメロン大）切り取る。さらに小麦粉をふり、生地を横に90度ずつ回しながら、底を包み込むように表面をそっと引き伸ばして、手早くボール形にする（P90〜91の写真参照）。
2　のし棒を使って生地をのばし、厚さ5ミリ強の長方形（20×40センチ）にする。この際、必要に応じて、作業台やのし棒に打ち粉をする。作業台の上でのばす場合、生地を台からはなすのに、金属のスケッパーが必要になる場合もある。
3　料理用はけを使って、生地の表面に卵液を軽く塗る。砂糖とシナモンを混ぜて、生地の上に均一にふりかける。レーズンをまんべんなくちらす。
4　長方形の短い辺から、ロールケーキのように生地を巻いていく（A）。巻き終わりや端をおさえてとめ、両端を下の方にたくしこむ（B）。

 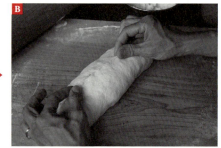

5 バターを塗ったパン型に生地を入れる。1時間40分休ませる(生地が作りたてで冷蔵していない場合は、40分でよい)。休ませてふくらんだ生地に(A)、卵液をぬる(B)。

6 **焼く20分前から、オーブンを190℃に予熱する**。ピザストーンを入れない場合、予熱時間は5分でよい。パン型を使う場合、ピザストーンは必須ではない。
7 35分から40分、キツネ色になるまで焼く。
8 パン型から出して(A~B)、冷ましてからスライスする。

チョコレートケーキよりおいしい！
チョコレートブレッド
chocolate bread

カラー写真→ P22

チョコレートブレッドは、どこのアルチザンブレッドの店にもあります。その始まりは不明ですが、チョコレートへの欲求を満たす新しい方法を見つけてくれた、チョコレート好きの誰かさんに感謝しています。ハチミツの風味はかすかなので、チョコレートのほろ苦さがひきたちます。これはチョコレートケーキではありません。もっとおいしくて、ずっと特別なものです。口当たりはパンですが、チョコレートケーキが大好きな人も気に入るはず。甘すぎない「サワーチェリープレザーブ」（→P140）は、このパンに添えるのにぴったりです。

▶ **450gの生地3個分**

（2倍や半分の分量でも作れます）
プレミアムビタースイートチョコレート……115g（できればヴァローナ（valrhona）か同等のもの）

無塩バター……115g
ぬるま湯……475㎖
ドライイースト……大さじ 1 1/2
粗塩またはコーシャーソルト……大さじ 1 1/2
卵（大）……4 個（軽く溶きほぐす）
ハチミツ……160㎖〔固まっていると他の材料と混ざりにくいので、分量内のぬるま湯の一部または全部と混ぜておくなどの方法で、あらかじめ「ゆるい」状態にしておくとよい〕
準強力粉……780g
プレミアムココアパウダー（無糖）……115g（できればヴァローナか同等のもの）
ビタースイートチョコレート（細かく刻んだもの）……140g（できればヴァローナか同等のもの）
バター、または食用油（特別な風味のないもの、パン型用）……適量
粉砂糖（パン型に塗る分と、パンの上にふりかける分）……適量

1 **ガナッシュを作る**：115g のプレミアムビタースイートチョコレートと無塩バターを、湯せんか電子レンジにかけて、チョコレートを溶かす。混ぜ合わせて、横に置いておく。

2 **生地を混ぜ、保存する**：5 リットル程度の、ふたがついた（密閉でない）食品用コンテナ（ボウルでも可）を用意し、イースト、粗塩、卵、ハチミツをぬるま湯と混ぜる。

2 準強力粉、ココアパウダー、ガナッシュ、140g のチョコレート（細かく刻んだもの）を加え、こねないようにして混ぜる。木べらや、大容量用（小麦粉 2kg 以上用）のフードプロセッサー（生地用のアタッチメントを使用）、業務用スタンドミキサー（生地用フックを使用）を使う。機械を使わない場合、十分にぬらした手を使ってだまがなくなるまで混ぜてもよい。

4 容器にふたをして（密閉はしない）、室温で約 2 時間休ませる。その間に、生地は発酵し、その後つぶれてくる（または上が平らになる）。

5 この一次発酵が完了すれば、すぐに生地を使えるが、冷やしてからの方が扱いやすい。ふたのついた（密閉でない）食品コンテナに入れて冷蔵保存し、5 日以内に使う。冷蔵の段階では、この生地は他の生地と違い、乾燥した固めの生地になる（A〜B）。5 日以上保存する場合は、450g ずつ分けて密閉容器に入れ、最大 4 週間冷凍保存できる。冷凍した生地を使う場合は、24 時間冷蔵庫に入れて解凍する。解凍後は、通常の発酵時間でよい。

6. **焼く当日には**、パン型にバターを塗り、粉砂糖をふりかけておく（粉砂糖は必須ではないが、ふっておくと焼き上がったパンをパン型から出すときにより楽に取り出せる）。冷蔵保存していた生地の表面に小麦粉をふり、900gの生地を切り取る。900gの生地を2分割し、450g（グレープフルーツ大）にする。さらに小麦粉をふり、2分割した450gの生地それぞれを、生地を横に90度ずつ回しながら、底を包み込むように表面をそっと引き伸ばして、手早くボール形にする（A）（P90～91の写真も参照）。

7 バターを塗り粉砂糖をふったパン型に、ボール形にした生地2個を入れる（A）。ラップや布をかけて、1時間45分休ませ、発酵させる（休ませる時間は環境や状況による。キッチンの温度が低い場合は2時間30分ほどかかることもある。また、生地が作りたてで冷蔵していない場合は、40分でよい）。

8 休ませて発酵した生地は、パン型に入れたときより少しふくらんでいる（それほど大きくはふくらまない）。卵液を塗り、粉砂糖をふりかける（A）。

9 **焼く 20 分前からオーブンを 175℃に予熱する**。ピザストーンを入れない場合、予熱時間は 5 分でよい（天板を使う場合ピザストーンは必須ではない）。
10 生地を入れたパン型をオーブンの中段近くの天板の上に置く（ピザストーンを使うなら、天板上のピザストーンの上に置く）。約 45〜50 分焼く。生地のサイズによっては、焼き時間を調整する必要がある。
11 オーブンからパン型を出し（A）、パンを取り出す。冷ましてからスライスし（B）、そのまま、またはプレザーブやマーマレードを付けて食べる（C）。

酸味の強いチェリーで作る
サワーチェリープレザーブ

Door County sour cherry preserves

　ウィスコンシン州〔米国中西部〕のドア郡（Door County）は、世界一おいしいサワーチェリーの産地です。7月下旬か8月上旬に訪れれば、完熟のサワーチェリーが手に入るでしょう。自分で摘むか、とれたてのものを農場の売店で買うことができますが、モントモレンシー種があればぜひそれを選んで下さい。モントモレンシー種はかなり酸味が強いのですが、プレザーブにすると、砂糖によって、口の中で一気に広がるような、スパイシーな果実の風味が出てきます。このプレザーブは、「チョコレートブレッド」（→P136）ととても良く合います。「ローラ特製3種のかんきつ類のマーマレード」（→第1巻「ベーシックブレッド編」P154）と同じで、このプレザーブも「シュアジェル」[★1]の箱についていたレシピがヒントになっています。

　瓶詰め作りに抵抗があるなら、レシピより分量を少なくして、手順の最後にある殺菌処理はとばしてしまいましょう。冷蔵で2カ月、冷凍で1年保存できます。

▶ 7.2カップ分

熟したサワーチェリー（できればモントモレンシー種）……1.4kg
　（または、種を取って細かくきざんだ時に4.8カップになる量）
砂糖……950g
「シュアジェル」フルーツペクチン……1箱（50g）

1　砂糖の分量をはかり、横に置いておく。砂糖の分量を減らしたくなっても、我慢すること。砂糖が少ないと、プレザーブが十分固まらなくなる。
2　サワーチェリーの枝や種を取り除く（チェリーピッター（サクランボの種抜き器）があれば便利）。細かく刻み、4.8カップになるようにはかる。
3　計量したサワーチェリーとその果汁を、6〜8リットル程度の片手鍋に入れる。シュアジェル（フルーツペクチン）を混ぜ入れ、ぐらぐらと沸騰させる。
4　砂糖を手早く混ぜ入れてから、再度ぐらぐらと煮立たせ、1分間加熱す

★1　シュアジェル（Sure Jell）：ジャム作りに使うペクチンのブランド。日本でも入手可。

る。火から下ろし、泡があればすくい取る。

5 プレザーブを清潔な保存用びんに注ぎ入れる。びん詰め用器材の説明書や、国・自治体の保健関係機関による自家製びん詰め作りの指導書に沿って、びん詰め加工する。または冷蔵保存して、2カ月以内に使い切る。このマーマレードは冷凍も可能。びん詰めをしない状態で1年間冷凍保存できる。

少し甘くて、プレザーブと良く合う
スイスミューズリーの朝食用パン

Swiss muesli breakfast bread

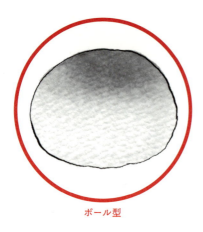

ボール型

　この生地は、混ぜているときはウェットでベタベタしていますが、一度冷やすと扱いやすくなります。焼き上がると、すばらしいしっとりした口当たりに。出来上がったパンは、少し甘くて、プレザーブと良く合う、ボリュームのある朝食用パンになります。

▶ 680gの生地1個分

ハッラー（→P88）、またはブリオッシュ（→P108）の生地……680g（冷凍してあった場合は、冷蔵庫で1晩かけて解凍しておく）

スイスミューズリー……0.9カップ

牛乳……120㎖

卵液（溶き卵1個分と水大さじ1）

全粒粉（ピザピールへの打ち粉用）……適量

1　焼く当日に、スイスミューズリーと牛乳を混ぜ、10分おいておく。

2　冷蔵保存していた生地の表面に小麦粉をふり、680g分（カンタロープメロン大）を切り取る。その生地をボウルにいれる。ミューズリーを手で生地に混ぜ込む。どろんこ遊びをするみたいに！

3　生地にさらに小麦粉をふり、横に90度ずつ回しながら、底を包み込むように表面をそっと引き伸ばして、手早くボール形にする（P90～91の写真参照）。

4　打ち粉をしたピザピールの上で、生地を1時間40分休ませる（生地が作りたてで冷蔵していない場合は、40分でよい）。

5　卵液をはけで塗る

6　焼く20分前から、オーブンを175℃に予熱する。ピザストーンを中段に置く。

7 生地をピザストーンに直接おいて、30分間、キツネ色になるまで焼く。生地に脂肪分が含まれているため、硬くてひび割れのあるクラストはできない。
8 冷ましてから、スライスして、またはそのままで食べる。

パン型で作る朝食用パン
ひまわりの種の入ったパン

sunflower seed breakfast loaf

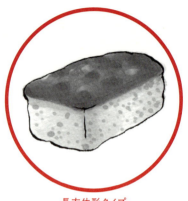

長方体形タイプ

ゾーイより：このパンのレシピは、カリナリー・インスティチュート・オブ・アメリカ時代にパン作りを教わり、今では友人でもあるトーマス・ガンペルの影響を受けたものです。最初にわたしがこのパンをトーマスのクラスで作ったときは、なかば無理矢理でした。講義の間、わたしがちょっと生意気な態度だったので、トーマスは、悪さをしたわたしを見せしめに罰することにしました。トーマスはわたしに恥をかかせるために、1900年頃の古めかしいブレッドバケツ（bread bucket、パンをこねるための金属製のかぎがついたバケツ）を使って、食堂でひまわりの種のパンを混ぜさせたのです。その作業に授業時間の半分以上かかり、丈夫にできているわたしのプライドもかなり傷つきました。しかし出来上がったパンは本当に素晴らしいものでした。このパンとの出会いがつらいものだった分だけ、いつでも楽しんで作ってきました。ただし今では、焼く準備がかなり短い時間ですむようになりました。

▶ 680gの生地3個分

（2倍や半分の分量でも作れます）
牛乳（ぬるま湯と同じ37℃くらいで）……470㎖
ハチミツ……120㎖〔固まっていると他の材料と混ざりにくいので、分量内の牛乳の一部または全部と混ぜておくなどの方法で、あらかじめ「ゆるい」状態にしておくとよい〕
砂糖　大さじ2
粗塩またはコーシャーソルト……大さじ1 1/2
ドライイースト……大さじ1 1/2
サンフラワーオイル（またはキャノーラ油）……大さじ4
（パン型用）……適量
卵……3個
強力粉……850g

ひまわりの種……135g

1. **生地を混ぜ、保存する**：5リットル程度の、ふたがついた（密閉でない）食品用コンテナ（ボウルでも可）を用意し、イースト、粗塩、ハチミツ、砂糖、サンフラワーオイル、卵を、ぬるめに温めた牛乳と混ぜる。
2. 強力粉とひまわりの種を加え、こねないようにして混ぜる。木べらや、大容量用（小麦粉2kg以上用）のフードプロセッサー（生地用のアタッチメントを使用）、業務用スタンドミキサー（生地用フックを使用）を使う。機械を使わない場合、十分にぬらした手を使ってだまがなくなるまで混ぜてもよい。
3. 容器にふたをして（密閉はしない）、室温で約2時間休ませる。その間に、生地は発酵し、その後つぶれてくる（または上が平らになる）。
4. この一次発酵が完了すれば、すぐに生地を使えるが、冷やしてからの方が扱いやすい。ふたのついた（密閉でない）食品コンテナに入れて冷蔵保存し、5日以内に使う。450gずつ分けて、最大4週間冷凍保存できる。
5. **焼く当日は**、23 × 10 × 7.5センチ程度のノンスティック加工のパン型に軽く油を塗っておく。680gの生地を切り取り、円筒形に成形してから、パン型に入れる。生地を1時間40分休ませ、発酵させる（生地が作りたてで冷蔵していない場合は、40分でよい）。
6. **焼く20分前から、オーブンを190℃に予熱する**。パン型を使う場合、ピザストーンは必須ではない。ピザストーンを入れない場合、予熱時間は5分でよい。
7. パン型に入れた生地を天板の上に置く（ピザストーンを使うなら、天板上のピザストーンの上に置く）。オーブンの中段近くで、スチームを入れずに35分から40分、キツネ色になるまで焼く。
8. パン型から外す。冷ましてから、スライスして、またはそのままで食べる。

いくつもの風味が重奏をかなでる
チョコレートプルーンブレッド

chocolate prune bread

長方体形タイプ

　このパンでは、いくつもの風味が見事に組み合わさっています。リッチでパワフルなチョコレートの風味は（特にチョコレートブレッドの生地をベースに使った場合にはその風味が出ます）、甘すぎることはありません。わたしたちは、ビタースイートチョコレートを好んで使っていますが、セミスイートでもおいしいです。

　数年前、ナショナル・プルーン・カウンシルが、プルーンという名前にはイメージ上の問題があると判断したため、最近ではこの果物は「プルーン」ではなく「乾燥プラム」として知られています。でもわたしたちは「プルーン」という名前にこだわっています。どんな名前だろうと、おいしくて、栄養豊富、そして素晴らしい濃厚な風味があるのが、「プルーン」なのです。このパンは、アルマニャック（ブランデー）によく合います（もちろん、牛乳にも！）。

▶ 680gの生地1個分

使用する冷蔵保存生地：ハッラー（→ P88）、ブリオッシュ（→ P108）、チョコレートブレッド（→ P136）

上記の保存生地のいずれか……680g（カンタロープメロン大）
バター（室温で柔らかくしたもの、パン型用）……適量
上質なビタースイートチョコレート（刻んだもの）……170g（できればヴァローナか同等のもの）
（チョコレートブレッドの生地を使う場合は 60g）
プラム（刻んだもの）……0.9カップ
卵液（溶き卵1個分と水大さじ1）
砂糖（パン型にふる分と仕上げ用）……大さじ4

1　**焼く当日**、23×10×7.5センチ程度のノンスティック加工のパン型にバターをたっぷり塗る。その上から砂糖を均一にふり、パン型をゆすって、砂糖を行き渡らせる。

2　冷蔵保存していた生地の表面に小麦粉をふり、680g分（カンタロープメロン大）を切り取る。さらに小麦粉をふり、生地を横に90度ずつ回しながら、底を包み込むように表面をそっと引き伸ばして、手早くボール形にする（P90〜91の写真参照）。のし棒でのばして、厚さ1センチ強の長方形にする。作業台にくっつかないように打ち粉を使って良いが、使いすぎると生地が乾燥するので注意すること。

3　チョコレートと刻んだプラムをちらしてから、それらを包み込むように生地を巻いていく。生地を裏返したり、手のひらの付け根で押したりしながら、何度か折りたたむ。こうすることで、チョコレートとプルーンが生地にうまく織り込まれていく。生地から飛び出てくるものもある。

4　しっかりとぬらした手で生地を楕円形に成形し、バターを塗ったパン型に入れる。ラップをゆったりとかぶせてから、生地を1時間40分休ませ、発酵させる（生地が作りたてで冷蔵していない場合は、40分でよい）。

5　**焼く20分前から、オーブンを175℃に予熱する**。パン型を使う場合、ピザストーンは必須ではない。ピザストーンを入れない場合、予熱時間は5分でよい。オーブンに入れる直前に、卵液をはけで塗り、砂糖をふりかける。

6　パン型に入れた生地を天板の上に置く（ピザストーンを使うなら、天板上のピザストーンの上に置く）。オーブンの中段で、スチームを入れずに40分から50分、しっかりした感触になるまで焼く。生地のサイズによっては、焼き時間を調整する必要がある。

7　パン型から出す。冷ましてからスライスして、またはそのままで食べる。

ウクライナの伝統的レシピを簡単に作れるようにアレンジ
チョコレートとレーズンのバブカ

chocolate-raisin babka

長方体形タイプ（バブカ専用型などでも可）

わたしたちのバブカは、ウクライナのレシピがベースになっています。卵黄を16個も使うので、とても濃厚な味で、滑らかな口当たりです。伝統的なレシピでは、牛乳と小麦粉を一緒に加熱し、卵黄は1個ずつ入れます。多ければ卵黄を30個入れることも！　わたしたちはそのレシピを簡単にしながらも、昔ながらの魅力はまったく失わないようにしました。使わなかった卵白は、冷凍しておけばメレンゲを作るのに使えます。

▶ **450gの生地4個分**

（2倍や半分の分量でも作れます）
牛乳（ぬるま湯と同じ37℃くらいで）……710㎖
卵黄……16個分
ドライイースト……大さじ1 1/2
砂糖……100g
粗塩またはコーシャーソルト……小さじ2
無塩バター……170g（溶かしておく）、
　（パン型用）……適量
準強力粉……1065g
レーズン……130g
ビタースイートチョコレート（細かく刻むか、削ったもの）……130g
ラム酒……大さじ4（焼き上がったバブカを漬け込む）

1　**生地を混ぜ、保存する**：5リットル程度の、ふたがついた（密閉でない）食品用コンテナ（ボウルでも可）を用意し、卵黄、イースト、砂糖、コーシ

ャーソルト、溶かしバターを、ぬるめに温めた牛乳と混ぜる。

2　準強力粉を加え、こねないようにして混ぜる。木べらや、大容量用（小麦粉 2kg 以上用）のフードプロセッサー（生地用のアタッチメントを使用）、業務用スタンドミキサー（生地用フックを使用）を使う。卵黄をたくさん混ぜたので、この生地はかなりゆるくなる。

3　容器にふたをして（密閉はしない）、室温で約 2 時間休ませる。その間に、生地は発酵し、その後つぶれてくる（または上が平らになる）。

4　卵黄がたくさん入っているので、生地は使う前に冷やす必要がある。ふたのついた（密閉ではない）容器に入れて冷蔵し、5 日以内に使う。それ以上保存する場合は、450g ずつ分けて密閉容器に入れ、最大 4 週間冷凍保存できる。冷凍した生地を使う場合は、24 時間冷蔵庫に入れて解凍する。解凍後は、通常の発酵時間でよい。

5　**焼く当日には**、バブカ型、ブント型、またはノンスティック加工のパン型に油を塗っておく。冷蔵保存していた生地の表面に小麦粉をふり、450g 分（グレープフルーツ大）切り取る。さらに小麦粉をふり、生地を横に 90 度ずつ回しながら、底を包み込むように表面をそっと引き伸ばして、手早くボール形にする（P90〜91 の写真参照）。

6　のし棒を使って生地をのばし、厚さ 5 ミリ強の長方形にする。レーズンとチョコレートを生地の上に均一に散らす。長方形の短い辺から、生地を円筒形に丸める。丸めた生地を、両端を合わせるように半分におり、ボール形に成形する。

7　パン型に生地を入れる。型の 2/3 くらいまで入る。生地を 1 時間 40 分休ませ、発酵させる（生地が作りたてで冷蔵していない場合は、40 分でよい）。

8　**焼く 20 分前から、オーブンを 175℃に予熱する**。パン型を使う場合、ピザストーンは必須ではない。ピザストーンを入れない場合、予熱時間は 5 分でよい。

9　パン型に入れた生地を天板の上に置き、オーブンの中段近くに入れる（ピザストーンを使っている場合、その上に直接は置かない。ピザストーンは別の段に置く）。約 35 分、キツネ色になり、しっかりとした感触になるまで焼く。

10　冷ましてから、ラム酒をはけで塗る。スライスして、またはそのままで食べる。

2種類以上のリンゴを使えば味の幅がより広がる
リンゴと洋なしの コーヒーケーキ

apple and pear coffee cake

カラー写真→P21

　ゾーイより：わたしたち家族は毎年、果樹園にリンゴを摘みに行きます。わたしたちが住んでいるミネソタ州では、ほかでは食べたことのない、最高においしいリンゴがとれるのです。わたしが好きなのは、いろいろなリンゴを入れて焼くこと。甘いものや酸っぱいものもあるし、形が崩れないものもあれば、煮崩れてとろけるものもあります。摘んできたどんなリンゴを使っても、これはお気に入りのレシピになるでしょう。わたしが洋なしを入れるのが好きなのは、風味に広がりが出て、まるで香水のような気品が出るからです。

▶ コーヒーケーキ1個分

シュトロイゼルトッピング

オーツ麦……1.2カップ
準強力粉……140g
ブラウンシュガー……1.2カップ
ナッツ類（刻んだもの）……1.2カップ（お好みで）
溶かしバター……120mℓ
シナモン（粉）……1つまみ

ケーキ
ブリオッシュ生地（→P108）……680g（カンタロープメロン大）
バター（パン型用）……適量
リンゴ（小）……2個（甘いものと酸っぱいものを1個ずつ。薄切りにする）
ボスクペア……1個（薄切り）
ブラウンシュガー……大さじ3
すり下ろしたオレンジの皮……1/2個分
シュトロイゼルトッピング（上記）……1.8カップ

1　**トッピングを準備する**：シュトロイゼルトッピングの材料をすべてボウルに入れ、バターがおおよそなじむまで混ぜ合わせる。ぱらぱらした風合いにしたいので混ぜすぎないこと。出来上がったら、横に置いておく。

2　**ケーキの部分を作る**：直径20センチのケーキ型に、バターを塗り、小麦粉をふっておく（A）。

3　リンゴ、ボスクペア、ブラウンシュガー、すり下ろしたオレンジの皮を小さなボウルに入れて、横に置いておく。

4　冷蔵保存していた生地の表面に小麦粉をふり、450g分（グレープフルーツ大）切り取る。さらに小麦粉をふり、生地を横に90度ずつ回しながら、底を包み込むように表面をそっと引き伸ばして、手早くボール形にする（P90〜91の写真参照）。

5　生地をのし棒でのばして、厚さ3〜4ミリ、およそ30×40センチの長方形にする。生地をのばすときには、生地がくっつかないよう、必要に応じて打ち粉を使う。

6　ケーキ型の底を使って、直径20センチの円形の生地を2枚切り抜く。残った生地は、「シナモンツイスト」（→P166）のために取っておく。

7　円形の生地の1枚を、用意したパン型の底に敷く（A）。その上に、リンゴや洋なしを混ぜ合わせたものをのせてから（B）、シュトロイゼルトッピングの半分をちらす（C）。もう1度同じように、円形の生地、リンゴや洋なし、シュトロイゼルトッピングという順番でのせていく。

8　できたケーキを1時間20分休ませる。

9　**焼く20分前から、オーブンを190℃に予熱する。**パン型を使う場合、ピザストーンは必須ではない。ピザストーンを入れない場合、予熱時間は5分でよい。

10　ケーキ型をオーブンの中段に入れて、45分間焼く。中央に串を刺してみて、柔らかい生地がついてこなくなったらできあがり（A）。

11 10分から15分間冷ます。ケーキがまだ温かいうちに、皿をケーキの上にかぶせて、ひっくり返してケーキを皿に出す（A）。テーブルに出すための皿をかぶせて、もう一度ひっくり返す。

12 温かいうちに、または室温くらいに冷ましてから、ホイップクリームを添えて、または何も添えずに出す（A）。

見た目も味も楽しめる一品
目玉焼きみたいな
アプリコットのペイストリー
sunny-side-up apricot pastry

カラー写真→ P24

　これは、食べるのはもちろん、作るのも、見た目も楽しいペイストリーです。バターが入ったブリオッシュ生地と、甘いバニラペイストリークリーム、そして目玉焼きに似た、酸味のあるアプリコット（杏）の組み合わせは、ジュリア・チャイルド〔アメリカの有名な料理研究家〕の著書で有名になりました。ペイストリークリームは、洋菓子屋さんの厨房には欠かせない材料。この絹のようになめらかなカスタードに香りをつけるには、ピュアバニラエクストラクトを使ってもいいのですが、バニラビーンズを使えば、とても濃厚で、十分な香りがつきます。本物のバニラビーンズを使ったことがなければ、ぜひ試してみましょう。そのとりこになるはずです。バニラビーンズを使うには以下のようにします。果物ナイフで縦方向に切れ目を入れると、種の部分が見えます。さやから種をかきだしてから、豆とさやを片手鍋にいれます。さやは最終的には取り除きます。良い香りと、本当のバニラの

細かい粒が残ります。

▶ 10センチのペイストリー8個分

ペイストリークリーム
牛乳……470㎖
砂糖……100g
無塩バター……30g
塩……1つまみ
バニラビーンズ……1/2本、またはピュアバニラエクストラクト……小さじ1
コーンスターチ……大さじ3
卵……1個
卵黄……3個

ペイストリー
ブリオッシュ生地（→P108）……680g（カンタロープメロン大）
ペイストリークリーム（上記）……1.2カップ
アプリコット（熟したもの、旬であれば生のもの、または缶入り）……8個（半分に切る）
アプリコットジャム……0.6カップ（柔らかくしておく）
砂糖……400g

ペイストリークリームを作る

1　中くらいから大きめの片手鍋に、牛乳、砂糖50g、無塩バター、塩、バニラビーンズを入れて、軽く沸騰させる。沸騰したら火から下ろす。
2　コーンスターチと、残りの砂糖50gを混ぜ合わせる。卵と卵黄を加えて、滑らかなペースト状になるように混ぜる。
3　2のペーストに、熱い1を少量ずつ、ゆっくり加えて混ぜる。触れるぐらいに冷えたら、ペーストを、牛乳などが入った片手鍋の中に注ぐ。
4　片手鍋を再び火にかけ、常に混ぜながら、とろみが出るまで2〜3分沸騰させる。
5　ペイストリークリームを漉して、浅い容器にいれる。表面に膜が張らないよう、ラップをクリームの表面に直接触れるように、押しつけてかける。
6　クリームの入った容器を冷凍庫に15分入れ、その後冷蔵庫に移す。

ペイストリーを作る

7 天板にクッキングシート（紙製やシリコン製など）を敷く。

8 冷蔵保存していた生地の表面に小麦粉をふり、680g分（カンタロープメロン大）切り取る。さらに小麦粉をふり、生地を横に90度ずつ回しながら、底を包み込むように表面をそっと引き伸ばして、手早くボール形にする（P90〜91の写真参照）。

9 生地をのし棒で伸ばして、厚さ3〜4ミリの長方形にする。くっつかないように、必要に応じて打ち粉をふる。

10 円形のクッキーの抜き型を使って、直径10センチの円形の生地を8個作る［★1］（A）。残った生地は、「シナモンツイスト」（→P166）で使うので取っておく。

11 作業台に、砂糖をたっぷりとおく。円形の生地のうちの1枚を砂糖の中におく。生地の真ん中あたりからのし棒でのばしていき、それぞれの端から1センチ強のところでのし棒をとめて、楕円形にする（A〜B）。のし棒に生地がくっつくようなら、少量の打ち粉をする。手を使ってのばしてもよい（C）。天板の上に、砂糖がついた面が上になるように生地を並べる。この作業をくり返す。天板の上で、生地の間は少なくとも2.5センチあける。

★1 円形の生地を8個作る：掲載している写真はレシピ分量（680gの生地で8個）の3分の2の分量（450gの生地で5個）で作ったときのもの。その点にご注意いただきたい。

12 砂糖がついた生地の真ん中に、ペイストリークリームを大さじ2ずつのばす。アプリコットを2個、ペイストリークリームの上に置いて、目玉焼きになるようにする（A）。45分休ませる。

13 **焼く20分前から、オーブンを175℃に予熱する**。ピザストーンを入れない場合、予熱時間は5分でよい。天板を使う場合、ピザストーンは必須ではない。
14 オーブンの中段で、ペイストリーを約35分焼く。生地がキツネ色になって、砂糖がちょうど良くカラメル色になったらできあがり。
15 オーブンから出したらすぐに、アプリコットの上にアプリコットジャムを塗って、照りをだす。温かいうちに、または冷めてから出す。

8章　リッチなパンとペイストリー　157

リース形の華やかなペイストリー

ブルーベリーと
レモンカードのリング

blueberry lemon curd ring

カラー写真→ P25

　リースの形をしたこのペイストリーは、新鮮なレモンの華やかな風味と、旬のブルーベリーの甘さが印象的。おいしいレモンカードは、このペイストリーのフィリングだけでなく、焼きたてのトーストにたっぷり塗るのにもぴったりです。

▶ 1個分

レモンカード
卵黄……6個分
砂糖……200g
レモン果汁……120㎖
すり下ろしたレモンの皮……大さじ1

無塩バター……115g、厚さ1センチ強にスライス

リング
ブリオッシュ生地（→P108）……680g（カンタロープメロン大）
レモンカード（左ページ）……0.6カップ
砂糖　大さじ2
ブルーベリー（生）……1.8カップ
卵液（溶き卵1個分と水大さじ1）
砂糖（仕上げ用）……適量

レモンカードを作る

1　バター以外の材料を大きな金属のボウルに入れ、泡立て器で混ぜ合わせる。

2　鍋にお湯をぐつぐつと沸騰させて、ボウルを湯せんにかける。

3　ゴムべらで常にかき回しながら、レモンカードがとろっとしてくるまで約10分間、湯せんにかけて混ぜる。

4　バターを加える。バターが完全に溶けて、カードにかなりとろっとして、やわらかいプディングくらいのかたさになるまで混ぜる。

5　カードにだまが残っていたら、こしてから容器に入れる。ラップをかけて、冷凍庫に入れて冷ます。その後、冷蔵庫で保存する。

リングを作る

6　天板の上にクッキングシート（紙製やシリコン製など）を敷く。

7　冷蔵保存していた生地の表面に小麦粉をふり、680g分（カンタロープメロン大）切り取る。さらに小麦粉をふり、生地を横に90度ずつ回しながら、底を包み込むように表面をそっと引き伸ばして、手早くボール形にする（P90～91の写真参照）。

8　生地をのし棒でのばして、厚さ3～4ミリ、大きさはおよそ30×40センチの長方形にする。生地をのばすときには、生地がくっつかないよう、必要に応じて打ち粉を使う。

9　レモンカードを生地の上に均一に広げる。ブルーベリーをレモンカードの上に散らす。

10　生地の長い端から、円筒形に巻いていく（A～B）。両端をあわせて、リース形にする。両端をつまんでくっつけ、天板の上にのせる（C）。生地を

引っ張って、リースの真ん中が十分に広く開いているようにする（D）。

11　リース全体に、3～5センチ間隔で均等に切れ目をいれる。切れ目は生地の底の近くまで入れるが、すっかり切ってしまわず、底から1センチ強くらい残すこと。
12　切れ目を入れた部分を、1つおきに中心から外側に向かって折る（A）。1時間40分休ませる（B）。

13　**オーブンを190℃に予熱する。**卵液をはけで塗り、粉砂糖をたっぷりとふりかける。
14　リース形の生地を、オーブンの中段で35分から40分、キツネ色になってしっかりと硬くなるまで焼く。温かいうちに、または冷ましてから出

す（A）。

簡単に作れて、豪華な仕上がり！
ラズベリーとアーモンドクリームの編み込みペイストリー
braided raspberry almond cream pastry

カラー写真→ P26

　このペイストリーは、簡単に作れるのに、心おどる豪華な仕上がりになるので、特別なブランチや、持ち寄りパーティーに出すのにぴったり。生のラズベリーが手に入らなかったら、リンゴや梨、桃、チェリーなど、季節のフルーツを入れても良いですね。

▶ 1個分

ブリオッシュ生地（→ P108）……680g（カンタロープメロン大）
アーモンドクリーム（→ P113〜114）……0.6 カップ
ラズベリージャム……0.6 カップ
ラズベリー（生）……1.2 カップ
卵液（溶き卵1個分と水大さじ1）

砂糖（仕上げ用）……適量

1　天板にクッキングシート（紙製やシリコン製など）を敷く。
2　冷蔵保存していた生地の表面に小麦粉をふり、カンタロープメロン大の生地を切り取る。さらに小麦粉をふり、生地を横に90度ずつ回しながら、底を包み込むように表面をそっと引き伸ばして、手早くボール形にする（P90～91の写真参照）。
3　生地をのし棒でのばして、厚さ3～4ミリの長方形にする（A）。生地をのばすときには、生地がくっつかないよう、必要に応じて打ち粉を使う。

4　生地を持ち上げて、クッキングシートなど（またはクッキングシートなどを敷いた天板）の上にのせる。生地の中央3分の1の部分に、アーモンドクリーム、ジャムを帯状にのせる（A～B）。ジャムの上に、ラズベリーをのせる。

5　ピザカッターを使って両サイドに切れ目を入れ、幅1センチ強のひも状の部分を12～16本ずつ作る。このひもに卵液を軽く塗る（A～B）。ひも

を折って、左側が右側の上になるように、フィリングの上で交差させる（C～D）。交差させたひも同士を押しつけてくっつける。これをくり返していって、三つ編み模様を作る（E）。成形できたら、40分間休ませる（F）。

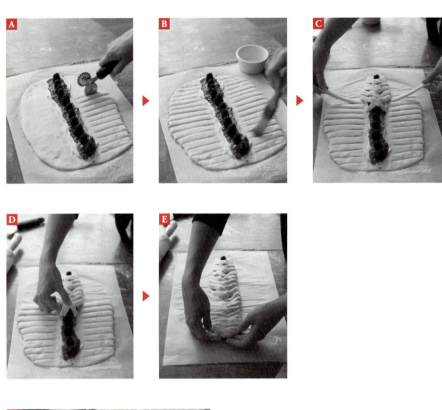

6 　オーブンを190℃に予熱する。卵液をはけで塗り（A）、粉砂糖をたっぷりとふりかける。

7 　天板をオーブンの中段に入れて、35 分から 45 分、キツネ色になって、フィリングがぷくぷくと泡立つまで焼く。温かいうちに出す（A）。

ブリオッシュ生地の切れ端を使って、お菓子を作る
シナモンツイスト

cinnamon twists and turns

カラーイラスト→ P27

　このレシピは、のばした後に残ったブリオッシュ生地の切れ端を使うのにはぴったり。できあがりはちょっとモダンアート作品のようですが、きちんとしたおもてなしのお菓子になります。コーヒーと一緒に出せば素敵です。

砂糖……100g
シナモン……大さじ1
ブリオッシュ生地、またはその切れ端……適量
卵液（溶き卵1個分と水大さじ1）

1　天板にクッキングシート（紙製やシリコン製など）を敷く。
2　**オーブンを190度に予熱する。**オーブンにピザストーンを入れない場合、予熱は5分でよい。天板を使う場合、ピザストーンは必須ではない。
3　砂糖とシナモンを小さなボウルで混ぜて、横に置いておく。
4　ブリオッシュ生地の切れ端に、卵液を軽く塗り、シナモンと砂糖を混ぜたものをたっぷりとふる。裏返して、裏側も同じようにする。
5　ピザカッターを使って、生地を幅2センチ弱に切る。または、変わった形のままでもよい。ひも状の生地をねじり、天板に均等な間隔を開けて

並べる。15 分休ませる。ねじった生地の大きさによって、オーブンの中で曲がって、独特の形になる。

6 15 分から 20 分、キツネ色になるまで焼く。温かいうちに出す。

残したパンが少し硬くなってしまったら
ブレッドプディング
bread pudding

ブレッドプディングほど、心安らぐ食べ物はありません。前日のパンが残ってしまった時にもぴったり。この本のパンならどれでも使えます。わたしたちが好んで使うのは、少し硬くなったパン。カスタードを良く吸うからです。ちょっとぜいたくなブランチが欲しいとき、このブレッドプディングに「金柑のシャンパンコンフィ」（次のレシピ）を添えれば最高です。

▶ 8人分

卵黄……8個分
砂糖……200g
ハーフアンドハーフ（クリームに同量のミルクを加えたもの）……1リットル
ラム酒またはブランデー……大さじ4（お好みで）
バニラ……小さじ1
挽きたてのナツメグ……小さじ1/4
シナモン……小さじ1/4
すり下ろしたばかりのオレンジの皮……小さじ1/2
前日のパン……12枚（1/2の厚さに切っておく）
レーズン……130g（お好みで）

1 オーブンを160℃に予熱する。
2 大きめのボウルで、卵黄、砂糖、ハーフアンドハーフ、ラム酒、バニラ、ナツメグ、シナモン、オレンジの皮を、泡立て器で良く混ぜ合わせる。
3 20×30×5センチ程度のオーブン皿にパンを並べる。レーズンを使う場合には、パンの上に散らしておく。2の卵液をゆっくりとパンに注ぐ。約10分間おく。乾いた部分が残らないよう、必要に応じて、パンを卵液に浸すようにする。
4 アルミホイルをゆったりとかぶせる。水蒸気が逃げるように、ホイルに何カ所か穴を空ける。オーブン皿をオーブンの中段に置いて1時間焼く。中央部分がしっかりとすればできあがり。
5 オーブンから取りだし、10分間置いておく。温かいうちに、「金柑のシャンパンコンフィ」（次のレシピ）や、お好みでバニラアイスクリームを添えて出す。

素早く作れる。マーマレードの代わりに
金柑のシャンパンコンフィ

kumquat champagne confit

このコンフィは、「3種のかんきつ類のマーマレード」（→第1巻「ベーシックブレッド編」P154）のような、より伝統的な作り方のマーマレードの代わりとして、気軽においしく使えます。ただし、保存用ではありません。あっという間に作れて、とても素晴らしい風味がつまっています。焼きたてのバゲットに、このコンフィと、ブリーチーズやシェーブルチーズといった風味の良いソフトチーズをのせて食べるのが、わたしたちのお気に入り。ブレッドプディング（1つ前のレシピ）のトッピングとして、ひとすくいのバニラアイスクリームと一緒に添えても、驚くほどのおいしさです。

▶ **3.6 カップ分**

砂糖……200g
シャンパン……470ml
水……240ml
スターアニス（八角）……1個
金柑……25個（薄切りにする）

1　中くらいの片手鍋に、砂糖、シャンパン、水、スターアニスを入れる。砂糖が溶けきるまで、かき混ぜながらとろ火で煮る。
2　金柑を加えて、弱い中火でことことと煮る。金柑が柔らかくなり、汁がメイプルシロップくらいの濃さになるまで、約20分煮る。
3　1週間以内に使う。

チョコレートのこく＋チェリーの酸味で、定番のおいしさに

チェリーの入ったチョコレートブレッドプディング

chocolate cherry bread pudding

　ジェフより：ブレッドプディングでは、ありとあらゆる風味の組み合わせを楽しむことができます。このレシピは、家族との休暇からヒントを得ました。わたしたちは毎年、ウィスコンシン州ドア郡を訪れて、そこで新鮮なチェリーを山ほど摘みます。わたしはこのプディングを、まずチョコレートブレッド（→P136）で作ってみました。チョコレートのこくに、チェリーの酸味が加わると、定番のおいしさになります。ブリオッシュやハッラーを使っても素晴らしい味になります。生のチェリーがなければ、ドライチェリーを使ってもかまいません。上質なバニラアイスクリームを添えれば、チョコレートへのどれだけ強い欲求でも満足させるデザートになります。

▶ 8人分

ハーフアンドハーフ（クリームに同量のミルクを加えたもの）……710㎖
ブラウンシュガー……0.9カップ
上質なビタースイートチョコレート（細かく刻んだもの）……225g（できればヴァローナか同等のもの）
バター……60g（1センチ強にスライスする）
卵……3個
卵黄……2個分
前日のチョコレートブレッド（→P136）、ブリオッシュ（→P108）、ハッラー（→P88）（さいの目切りにしたもの）……7.2カップ
サワーチェリー（種を抜いたもの）……1.8カップ

1　**オーブンを160℃に予熱する。** ハーフアンドハーフとブラウンシュガーを片手鍋に入れ、とろ火で煮る。
2　片手鍋を火から下ろし、チョコレートとバターを加え、チョコレートが完全に溶けて滑らかになるまで混ぜる。5分ほど冷ます。
3　卵と卵黄を泡立て器で混ぜ、2の冷ましたチョコレートを加える。
4　パンをさいの目切りにし、チェリーと一緒に20×30×5センチ程度の

オーブン皿に並べる。3のチョコレートカスタードを注ぎ、15分置く。必要に応じて、パンをチョコレートカスタードの中に浸して、十分にしみこむようにする。

5 アルミホイルをゆったりとかぶせる。水蒸気が逃げるように、ホイルに何カ所か穴を空ける。約50分焼いて、中央部分がしっかりとすればできあがり。

6 10分置いてから、バニラアイスクリームを添えて出す。

謝 辞

　自分のテレビ番組も持っていない、無名の著者の料理本を出すのは、近頃ではかなりの冒険だと言えます。その上、わたしたちはパンを焼くことには詳しくても、出版業界のことは知りませんでした。そんなわたしたちに必要だったのは、いくらかの運と、気前の良い人々からの支援でした。リスクをいとわない編集者のルース・キャヴィンには本当に心から感謝します。セントマーティンズプレス（St. Martin's Press）の編集者であるルースは、ラジオでわたしたちの話を聞いて、そのアイデアを気に入り、本の出版を決めてくれました。すばらしい決断力です。ルースの決断がなければ、この本はちょっと変わった小さなプロジェクトから先に進めなかったと思います。リン・ロゼット・カスパーは、ラジオ番組でジェフの電話を受けて、ルースと出会うきっかけをくれました。リンは、素晴らしいアドバイスをくれただけでなく、一流の著作権代理人であるジェーン・ダイステルも紹介してくれました。
　また、わたしたちの素晴らしい友人や家族は、レシピをテストする役目を果たしてくれました。彼らはパンを何度も焼いて、おかしなところを教えてくれたり、ほめてくれたりしました。彼らがわたしたちのレシピでパンを焼くようになってみると、この本は、熱心なパン職人も、そうでない人も、あらゆるパンを焼く人のための本になると分かりました。それは意外な発見でした。ですから、この本があるのは、アリソン・キャンベル、アレックス・コーン、ラルフ・コーン、シェリー・フリング、ポール・ゲーツ（彼の家は最初の実験場でした）、ラルフ・グアルティエーリとジュリア・ハーツバーグ（彼らは、わたしたちのレシピが子供にも作れることを確かめてくれました）、ジム・マレーとテレサ・マレー、ロレイン・ニール、ジェニファー・ソマーネス、ローラ・シルバーのおかげです。経験豊かな編集者である、シェリー、ローラは、パンを焼いてみてくれただけでなく、文章自体に貴重な助言をくれました。ジョシュ・マンハイマー、ダスティ・クーグラー、ケリー・ランズベリー、クレイグ・ニールとパトリシア・ニールには、マーケティングの専門知識を提供してくれたことに感謝します。グラハム（ゾーイの夫）は、計り知れない精神的支援を与えてくれただけでなく、わたしたちのウェブサイト（www.artisanbreadinfive.com）を作成してくれました。フラン・デイビスには、彼女の家のあ

りとあらゆるものを、撮影用の小道具として使わせてくれたことに感謝します。また、さまざまな支援をしてくれたバーブ・デイビス、美しい台所を使わせてくれたローラ・ティファニーにも感謝します。

　ゾーイの料理の世界の仲間であるスティーブン・ダーフィー、トーマス・グンペル、スティーブン・ブラウン、ラガバン・アイヤー、アンドリュー・ジマーンには、良き相談相手として、たくさんのアドバイスをくれたことに感謝します。

＊　＊　＊

　本書を、次の人々に捧げます。
　怖いもの知らずで、パンを焼くのが大好きなローラ、レイチェル、ジュリアへ、愛を込めて──J.H.
　わたしの料理、そして人生にひらめきを与えてくれる、グラハム、ヘンリー、チャーリーへ──Z.F.

〈著者紹介〉
ジェフ・ハーツバーグ（Jeff Hertzberg）
本職は医師（内科医）。多種多様な民族がアメリカに持ち込んだ多種多様なパンがあふれていた1960〜70年代のニューヨークで育つ。美味しいパンが大好きになり、自らパンを作るようにもなる。仏、伊、独、英、スペイン、モロッコなどの国々を旅してパンの作り方を学ぶ。パン作りを続けるなかで本書のレシピの基礎となるレシピを編み出す。妻と娘2人とともに、ミネソタ州ミネアポリスに在住。

ゾーイ・フランソワ（Zoë François）
パティシエ、パン職人。料理専門大学CIA（カリナリー・インスティテュート・オブ・アメリカ）を卒業。子供を音楽教室に連れていった際、偶然、同じく子供を連れてきていたジェフに会う。ジェフに誘われ本書のもとになるパンレシピ作成プロジェクトに参加。ジェフのレシピを、プロの観点からより良いものに発展させることに貢献。夫と息子2人とともにミネソタ州ミネアポリスに在住。

〈日本語版監修者紹介〉
荻山和也（おぎやま・かずや）
粉からのパン作りに魅せられ、パン研究の第一人者・竹野豊子氏に師事。その後ヨーロッパを中心に本場のパン作りの現場を訪問し、技術を習得。日本に帰国したのち、2000年からパン作りを教え始める。これまで15年にわたり延べ1万5000人の生徒にパン作りを教えてきている。＜荻山和也のパン教室＞主宰。著書多数。

〈訳者紹介〉
熊谷玲美（くまがい・れみ）
翻訳者。東京大学大学院理学系研究科修士課程修了。訳書に「NASA式 最強組織の法則」（朝日新聞出版）、「世界一うつくしい昆虫図鑑」（宝島社）、「楽観主義者の未来予測」（早川書房）など。

イラスト	伊藤ハムスター
撮影	中村介架
DTP	株式会社ユニオンワークス
装幀	加藤愛子（オフィスキントン）

ARTISAN BREAD IN FIVE MINUTES A DAY
by Jeff Hertzberg and Zoë FranÇois
Copyright ©2007 by Jeff Hertzberg and Zoë FranÇois.
Japanese translation published by arrangement with Jeff Hertzberg and Zoë FranÇois c/o Dystel & Goderich Literary Management through The English Agency (Japan) Ltd.

1日5分かけるだけで本格パンが焼ける！
❷ バラエティブレッド編

2015年8月11日　第1刷

著　者	ジェフ・ハーツバーグ＋ゾーイ・フランソワ
日本語版監修者	荻山和也
訳　者	熊谷玲美
発行所	株式会社楽工社
	〒160-0023　東京都新宿区西新宿 7-22-39-401
	電話 03-5338-6331
	www.rakkousha.co.jp
印刷・製本	大日本印刷株式会社

ISBN978-4-903063-69-0

本書の一部あるいは全部を無断で複写複製することは、
法律で認められた場合を除き、著作権の侵害となります。

好評既刊

料理の科学①・②
素朴な疑問に答えます

ピッツバーグ大学名誉化学教授 ロバート・ウォルク 著

定価（本体各1600円＋税）

「パスタをゆでるとき、塩はいつ入れるのが正解？」「赤い肉と紫の肉、どちらが新鮮？」——料理に関する素朴な疑問に科学者が楽しく回答。「料理のサイエンス」定番入門書。

[①巻]
第1章　甘いものの話
第2章　塩——生命を支える結晶
第3章　脂肪——この厄介にして美味なるもの
第4章　キッチンの化学
第5章　肉と魚介

[②巻]
第6章　熱いもの、冷たいもの——火と氷
第7章　液体——コーヒー・茶、炭酸、アルコール
第8章　電子レンジの謎
第9章　キッチンを彩る道具とテクノロジー